Джон Колман

ДИНАСТИЯ
РОТШИЛЬДОВ

Джон Колман

Джон Коулман - британский писатель и бывший сотрудник Секретной разведывательной службы. Коулман подготовил различные аналитические материалы о Римском клубе, Фонде Джорджио Чини, Forbes Global 2000, Межрелигиозном коллоквиуме мира, Тавистокском институте, Черном дворянстве и других организациях, близких к теме Нового мирового порядка.

Династия Ротшильдов

The Rothschild Dynasty

Переведено с английского и опубликовано компанией
Omnia Veritas Limited

© Omnia Veritas Ltd-2022

www.omnia-veritas.com

Все права защищены. Никакая часть данной публикации не может быть воспроизведена любым способом без предварительного разрешения издателя. Кодекс интеллектуальной собственности запрещает копирование или воспроизведение для коллективного использования. Любое представление или полное или частичное воспроизведение любыми средствами без согласия издателя, автора или их правопреемников является незаконным и представляет собой нарушение, наказуемое в соответствии со статьями Кодекса интеллектуальной собственности.

ПРЕДИСЛОВИЕ 13

ГЛАВА 1 20
Как торговец тряпьем стал одним из богатейших людей в мире......... 20

ГЛАВА 2 26
Майер Амшель и пять его сыновей наслаждаются удачей 26

ГЛАВА 3 32
Ротшильды входят в европейское высшее общество 32

ГЛАВА 4 37
Стены Иерихона [Франкфурта] рушатся 37

ГЛАВА 5 41
Ротшильды грабят пять великих держав 41

ГЛАВА 6 49
Бенджамин Дизраэли: шпион Ротшильдов 49

ГЛАВА 7 56
Свидетельства об ужасах Французской революции 56

ГЛАВА 8 64
Бисмарк раскрывает "финансовую вершину, господствующую в Европе
.... 64

ГЛАВА 9 71
Аспект рабства негров в Америке, которым пренебрегают................... 71

ГЛАВА 10 81
Натан Ротшильд балансирует французский долг............................... 81

ГЛАВА 11 91
Франция выдерживает натиск коммунистов 91

ГЛАВА 12 .... **101**

Саломон Ротшильд демонстрирует свою финансовую мощь 101

ГЛАВА 13 .... **117**

Общество наций: попытка создания единого мирового правительства 117

ГЛАВА 14 .... **122**

Британское правительство предает арабов и Лоуренса Аравийского 122

ГЛАВА 15 .... **129**

Подлый двойной разговор 129

ГЛАВА 16 .... **139**

Вероломный Альбион" оправдывает свою репутацию 139

ГЛАВА 17 .... **147**

Карусель из трех вариантов решает судьбу Палестины 147

ГЛАВА 18 .... **153**

Сионисты захватывают Палестину 153

ГЛАВА 19 .... **158**

Ротшильды создают центральный банк в Америке 158

ГЛАВА 20 .... **165**

Конституция США растоптана коррумпированными законодателями Ротшильдов 165

ГЛАВА 21 .... **173**

Ротшильды препятствуют американской конституции 173

ГЛАВА 22 .... **180**

Ротшильды разваливают Палату лордов 180

ГЛАВА 23 189

Суррогат Ротшильда финансировал нападение на Россию 189

ГЛАВА 24 197

Некоторые мнения о Ротшильдах, их роли в войне, революции и финансовых интригах 197

УЖЕ ОПУБЛИКОВАНО 203

Доктор Джон Коулман, автор книги *"Комитет 300"*, рассказывает историю о том, как Майер Амшель, основатель династии "Красного щита", приобрел свое первое состояние. Это далеко от мифов и легенд, которые до сих пор окружают человека, начинавшего как торговец тряпьем и ломбардщик, работавший в небольшом доме на Юденштрассе во Франкфурте-на-Майне, Германия, где он жил со своей женой и семьей.

Исторические события часто происходят из-за "скрытой руки", которая из-за кулис дергает за ниточки королей, князей и властителей. Этот феномен объясняется, а легенды, выросшие вокруг Ротшильдов, анализируются в этой книге, которая также рассказывает о том, как интриги Ротшильдов привели к гибели таких людей, как Наполеон и царь России Александр II.

Легенда гласит, что "гений и финансовые способности" Майера Амшеля Ротшильда были унаследованы его сыновьями, но правда совсем другая, как ясно показывает доктор Коулман в этом хорошо изученном рассказе, который выходит далеко за рамки самых известных легенд, скрывающих истинный характер знаменитой семьи.

Увлекательно читать об удаче Майера Амшеля Ротшильда и о шагах, которые он предпринял, чтобы сделать свою семью "виртуальными правителями всей Европы".

Эта исключительная книга не только о прошлом, но и о настоящем и будущем. Она поможет объяснить многие события, которые вызывают недоумение у обычных людей, такие как война в Ираке и угрозы войны против Ирана.

ПРЕДИСЛОВИЕ

Семья Ротшильдов, первоначально состоявшая из отца и пяти его сыновей, - это поистине история возможностей, решительного стремления добиться огромных успехов и войти в аристократический мир, который их не хотел. Кто-то может посчитать наглостью говорить об огромном состоянии, которое попало в руки и под контроль Майера Амшеля Ротшильда, как о "возможности", в то время как другие видят в этом не что иное, как незаконное присвоение средств, доверенных его попечению, что вряд ли является "возможностью" в общепринятом смысле этого слова.

Тем не менее, для Майера Амшеля это было благом, позволившим ему оставить жизнь ломбарда и продажи подержанных вещей и войти в высшие сферы власти, что было замечательным достижением, учитывая историю того времени, в течение которого евреи подчинялись многим гражданским законам, призванным сформировать постоянный барьер между ними и жителями княжеств и наций, в которых они жили. Еще одним серьезным препятствием было классовое различие, которое было бы препятствием даже для нееврея, не принадлежащего к правящей аристократии.

Классовой мобильности не существовало, а разделение было жестким и строго соблюдалось, особенно во Франкфурте-на-Майне, Германия, где династия Ротшильдов начала свою замечательную историю. Майер Амшель Ротшильд практически не получил формального образования; у его семьи не было девиза, но что у него было, так это упорство и твердая вера в свою религию. Он был выходцем из дома среднего класса, "чужого" дома во франкфуртском гетто.

Благодаря находчивости и тому, что некоторые недоброжелательные критики называют "врожденной хитростью", Майер Амшель Ротшильд смог проникнуть в пьянящий мир аристократических семей, которые избегали или даже презирали его. Если бы ему не "повезло" (или "не повезло", в зависимости от того, по какую сторону забора вы стоите) познакомиться с ландграфом Гессенским, Майер Амшель Ротшильд до конца жизни оставался бы безвестным ломбардом и разносчиком тряпья. Ему не нужно было идентифицировать себя как еврея, происхождением которого он гордился, и Майер Амшель никогда не пытался скрыть свое происхождение. Напротив, он гордился этим, даже перед лицом беспощадной оппозиции франкфуртских евреев, которая распространялась на все народы Европы.

Англия, самая "цивилизованная" из европейских наций, как нас заставляет верить история, была особенно яростна в своей оппозиции к евреям. Даже его ведущие деятели, образованные люди, не стеснялись отзываться о евреях в самых нелестных выражениях.

Например, лорд Гладстон часто называл Дизраэли, "камердинера" Ротшильдов, "этим отвратительным евреем", по словам биографа Гладстона Эдварда Фримана. Епископ Уилберфорс нелестно отозвался о Дизраэли как о "восточном еврее".

Бисмарк называл его "еврейским фокусником", а Карлайл - "маленьким абсурдным евреем".

Я привожу эти примеры, чтобы показать, с какими значительными трудностями сталкивались даже самые образованные евреи, стремившиеся к власти в мире бизнеса и финансов в XVIIIe и XIXe веках. Некоторые историки и писатели утверждают, что Ротшильды выдумали свою историю и достижения, чтобы получить власть. Их убедительное присутствие внесло большой вклад в историю, и можно с уверенностью сказать, что ни одно важное событие в политической и экономической жизни европейских стран не было так или иначе связано с Ротшильдами, даже если оно было глубоко скрыто.

В сознании многих Ротшильды всегда будут ассоциироваться с огромным богатством, но именно власть, которую это богатство приносит, не так хорошо признана, как следовало бы. Действительно, Ротшильды стремились приобрести огромное богатство не только для того, чтобы иметь возможность жить безбедно. Они стремились к богатству ради того, что оно могло принести им контроль над основными политическими силами всех народов, через которые они осуществляли контроль над этими народами, что продолжается и по сей день. Ротшильды не жили в вакууме; напротив, они влияли на миллионы жизней. Лайонелу Ротшильду нравилось считать себя уникальным, и, возможно, так оно и есть. Правда, как и его братья, он был исключительно богат, но его богатство никогда не предавалось огласке. Одно неправда: Ротшильды не делали свои состояния на инфляции валют тех стран, среди которых они жили. Нет никаких реальных ориентиров, которые могли бы помочь нам понять истинный характер семьи Ротшильдов и то, что привело их к одержимости деньгами и ненасытному аппетиту к власти.

Большую часть времени нам приходится гадать, что происходило в умах этой могущественной семьи, которая была полна решимости стать скрытыми правителями Европы и Британии, если не всего мира. И дело не в том, что им помогала хорошая внешность или приятная манера говорить, естественные атрибуты ирландской расы. Напротив, они, по общему мнению, отличались некрасивым цветом лица и довольно грубым поведением. Мейер Амшель говорил на гортанном франкфуртском идише, смеси польского и немецкого языков с выражениями, заимствованными из иврита.

Образование, которое он дал своим детям, не выходило за рамки начальной школы при синагоге, которую они посещали. Интеллектуализм в любом случае был запрещен для франкфуртских евреев, которым не разрешалось участвовать в эпохе Просвещения, охватившей Европу.

Майер Амшель оставался верен указаниям Талмуда и чтил все его традиции, требуя от своих детей того же. Он не изменил свой образ жизни, как только добился славы и богатства. Одежда, которую носили он и его сыновья, часто была изношена до костей.

Во многих бумагах и документах Британского музея есть очень пренебрежительные ссылки на этот факт, некоторые из которых носят весьма уничижительный характер. В одном из рассказов Череп-Спиридович утверждает, что Майер Амшель никогда не менял нижнее белье и носил одну и ту же одежду, "пока она не спадала с него". Такие писатели, как Джон Ривз, Демаши и Спиридович, по словам последнего, приходят к выводу, что в

> Политическим фазам этой зловещей и роковой семьи можно приписать по меньшей мере половину всех кровопролитий и бедствий, постигших страны с 1770 года.

Другие, например, редактор газеты *"Чикаго трибюн"*, который знал, что что-то происходит, но не мог назвать это имя, писал 22 июля 1922 года:

> По сравнению с ними наши государственные деятели - дети. Нам неоднократно предлагали занять видное место в мировых делах. Его бросают нам в лицо, и мы по глупости отвергаем его.

Вопрос в том, отвергли ли мы его, или какая-то скрытая сила помешала нам проявить инициативу? "Ницше, немецкий философ, в своей работе *"Рассвет"* писал:

> Одно из зрелищ, свидетелями которого нас пригласит следующий век, - это решение вопроса о судьбе евреев. Очевидно, что они бросили кости и перешли Рубикон; у них нет другого выбора, кроме как стать хозяевами Европы или потерять Европу, как они потеряли Египет, где они столкнулись с аналогичными альтернативами... Европа может однажды попасть к ним в руки, как спелый плод, если

они не схватят его слишком быстро.

Те, кто исследовал Ницше, говорят, что он имел в виду Ротшильдов, но я не смог найти никаких доказательств в поддержку этого утверждения, хотя оно, кажется, соответствует модели этой знаменитой семьи.

Многие из их секретов остались полностью скрытыми и, возможно, никогда не будут раскрыты. Глубина этих секретов раскрывается в словах французского государственного деятеля Ламартина:

> Мы хотим сломать все ярмо, но есть одно, которое не видно и которое тяготит нас. Откуда она берется? Где он находится? Никто не знает, или, по крайней мере, никто не говорит. Ассоциация является тайной даже для нас, ветеранов тайных обществ.

Министр иностранных дел Франции Г. Ганоту писал в 1878 году, что эта скрытая рука была

> "таинственная сила, которая управляет политикой и сбивает с толку дипломатию".

Многие из этих тайн были полностью раскрыты Дизраэли в его романе *"Конингсби"*, который представлял собой тонко завуалированный рассказ о делах Ротшильдов. Дизраэли пришлось замаскировать многие факты под вымысел, чтобы гнев людей не взорвался от содержащихся в ней откровений. "Сидония", несомненно, была Лайонелом Ротшильдом, а *Конингсби* - не более чем романтизированный рассказ о его действиях:

> В возрасте девятнадцати лет Сидони, которая жила со своим дядей в Неаполе, нанесла длительный визит в другую семью своего отца во Франкфурте. Между Парижем и Неаполем Сидония провела два года. Его невозможно было пробить. Его откровенность была строго ограничена поверхностью. Он наблюдал за всем, хотя и слишком настороженно, но избегал серьезных дискуссий. Он был человеком без привязанностей.

Карл Ротшильд жил в Неаполе, а Майер Амшель - во

Франкфурте, поэтому нетрудно сделать вывод, что "Сидония" была Лайонелом Ротшильдом, и таким образом мы получаем от *Конингсби* один из лучших и наиболее точных подробных рассказов о Ротшильдах и их восхождении к абсолютной власти, которой они обладают сегодня.

Пояснительная записка

Обратите внимание, что источники и ссылки указаны в тексте. Я подумал, что так будет легче ссылаться и не придется искать в отдельном списке примечаний, что приведет к потере непрерывности.

Я следовал методу и стилю нескольких викторианских авторов, которые считали это лучшим способом продолжать рассказ без необходимости останавливаться, чтобы проконсультироваться и найти конкретный источник. Я надеюсь, что и вам будет легче следовать этому методу, чем традиционному.

Еще один важный момент: я хочу уточнить, что эта книга не должна и не может быть истолкована как "антиеврейская" или "антисемитская". Ни то, ни другое. Скорее, это фактический рассказ о семье, которая оказалась еврейской и никогда этого не скрывала. Писать иначе было бы все равно, что пытаться написать рассказ о зулусском короле Чаке, не сказав, что Чака был чернокожим африканским королем.

ГЛАВА 1

Как торговец тряпьем стал одним из богатейших людей в мире

Вероятно, в международной банковской сфере нет имени, которое было бы так хорошо известно, как имя Ротшильда, и все же так мало известно об истинной истории этой семьи. Существует множество легенд, мифов и причудливых историй, но мало что известно об истинном характере этой семьи, которая изменила ход истории, которая покупала и продавала государственных деятелей, королей, герцогов и епископов, словно они были простым товаром, который можно выбросить, как изношенную обувь и старую одежду, когда они отслужили свой срок. Говорят, что эта семья привела к революциям, войнам и потрясениям, которые навсегда изменили лицо Европы, Дальнего Востока и Соединенных Штатов. Цель этой книги - изучить историю Ротшильдов и понять их планы в отношении мира. Ротшильды - евреи, и этот факт они никогда не пытались скрыть или минимизировать.

На протяжении всей истории человечества, от Индии до Вавилона и древней Палестины, денежные вопросы всегда были в основном уделом евреев. На денежных рынках Франкфурта, Лондона, Нью-Йорка и Гонконга преобладали еврейские финансисты.

К 1917 году они были распространены по всему миру. На фондовых биржах Лондона, Парижа и Нью-Йорка еврейские брокеры составляли основу бизнеса. Движение драгоценных металлов, алмазов и валют по всему миру всегда находилось под еврейским контролем. Мы приводим эти факты как факты сами по себе, а не для того, чтобы сделать из них какой-либо уничижительный вывод. Сами евреи признают это. Когда Великобритания готовилась к войне с Германией в 1910 году, международные еврейские финансисты были размещены в ключевых местах, - а во главе международных финансов во всем мире стояли Ротшильды и связанные с ними банковские дома. Во Франции это были Ротшильд, Фульд, Камондо, Перейра и Бишофхайм; в Германии - Ротшильд, Варшауэр, Мендельсон, Блейхродер; в Англии - Сассун, Стерн, Ротшильд и Монтегю; на Дальнем Востоке - Сассун; в России - Гунцбург; в США - J.P. Morgan, Kuhn Loeb and Co, Seligman and Co.

Прежде всего, Дом Ротшильдов затмил и омрачил их. Критики Ротшильдов утверждают, что Morgan и Kuhn Loeb были всего лишь прикрытием для Ротшильдов, и что все известные банковские дома были связаны с банками Ротшильдов.

Эти банковские дома пережили множество бурь благодаря своему осторожному подходу к спекуляциям и тесным братским и родственным связям с Ротшильдами и друг с другом. Основателем Дома Ротшильдов был **Майер Ансельм Бауэр (Ротшильд)**, сын Ансельма Мозеса Бауэра, франкфуртского купца. Отец продавал новые и подержанные товары, а также старые монеты, и закладывал под знаком красного щита, отсюда и фамилия Ротшильд, что в переводе с немецкого означает "красный щит". Ротшильд стал их принятой и официальной фамилией. Предприятие располагалось на Юденштрассе, буквально "улице евреев" во франкфуртском гетто, где проживало около 550 семей.

Майер Амшель (Ротшильд) родился в 1743 году. Семья из поколения в поколение обосновывалась во Франкфурте. Действительно, в Британском музее хранится документ, свидетельствующий о том, что эта семья восходит к началу XVI века. К XVIII веку они представляли собой значительную группу.

Я выявил двадцать предшественников Майера Амшеля,

старшего из трех сыновей, чьи родители занимались торговлей серебром, как покупкой, так и продажей, в которой он участвовал с десятилетнего возраста. Эта небольшая торговля фактически была разновидностью обмена иностранными деньгами , поскольку в то время Германия состояла из 350 княжеств, каждое из которых имело свою собственную валюту.

Очевидно, им было запрещено заниматься профессиями, открытыми для всех неевреев во Франкфурте. Несомненно, евреи подвергались всевозможным ограничениям, некоторые из которых были довольно несправедливыми. Дом семьи представлял собой деревянную хижину в готическом стиле, где Майер Амшель жил со своим отцом, матерью и тремя братьями до 1775 года, когда по Европе прокатилась эпидемия оспы, в результате которой погибли оба родителя Майера. Родители Майера записали его в раввинскую школу в Фурте. Но у него не было ни терпения, ни склонности к долгим годам обучения, необходимым для получения диплома, и после трех лет обучения в Фурте, в возрасте тринадцати лет, Майер Амшель открыл свое собственное дело.

Можно только восхищаться мужеством, которое, должно быть, потребовалось такому молодому человеку, чтобы решиться на такой шаг. По дороге в Ганновер молодому человеку дали небольшую, незначительную "благотворительную" работу в банке Оппенгеймера, где через шесть месяцев после приезда он стал подмастерьем. Он не сразу пришел к выводу, что для успеха в банковском деле необходимо покровительство одного из самых важных принцев. Через шесть лет он покинул Ганновер и вернулся во Франкфурт, где в 1770 году женился на Гудуле Шнаппер.

Майер и Гудуле (Гутта) занимали первый этаж над магазином, в котором Майер покупал и продавал новые и подержанные товары, как это делал его отец до него. Многие предметы, такие как картины и мебель, были выставлены на тротуаре. Это был дом, отправная точка для "банковских баронов", которые будут контролировать мировые финансы и великих лидеров, государственных деятелей и королей. Гудуле подарила Майеру пятерых сыновей. Беседы с пятью сыновьями всегда проходили вокруг "грязного деревянного стола", как описано Спиридовичем в книге *Нераскрытое в истории*, где семья собиралась за едой и беседами.

Раздел финансового мира между сыновьями был излюбленной темой для обсуждения. Их отец рассказал о четырех внуках Карла Великого, о том, как римские императоры правили миром, и о своем видении сыновей. Его пять дочерей никогда не были включены в эти обсуждения.

Карл Великий (Карл Великий) (771-814) был типичным немцем, ростом более шести футов, превосходным атлетом, владевшим греческим и латынью. Он был королем франков и стал императором Рима с 800 по 814 год до нашей эры. Однако, несмотря на свое почитание Карла Великого, Майер Амшель питал лютую ненависть ко всему "римскому", которое он позже назвал "великим врагом большевизма", как пишет сэр Альфред Монд в книге *Всемирная битва евреев*. Сэмюэл Гомперс, написав в газете *Chicago Tribune* 1er мая 1922 года, сказал о большевизме, ссылаясь на Майера Амшеля:

> Ничто не является более бесполезным и гнусным предательством цивилизации, чем признание большевистской тирании. Политика немецких и англо-американских банкиров - самый опасный элемент во всей цепи большевистских усилий. Средства большевиков исчислялись миллионами долларов.

Ненависть Майера Амшеля к римскому миру могла быть обусловлена тем, что с 1762 года Франкфурт-на-Майне был городом выборов и коронации императоров Священной Римской империи, которых Майер Амшель ненавидел, поскольку знал, что католическая церковь была непримиримым врагом большевиков. Некоторые историки утверждают, что его ненависть была направлена на Россию, поскольку она была крупнейшей христианской страной в Европе, и при нескольких ее лидерах евреи пережили много трудностей и преследований.

За столом Майер предупредил своих сыновей, чтобы они хранили свое богатство в семье и никогда не женились за ее пределами. Он объяснил еврейский закон "нешек", что буквально означает "укус", термин, используемый для обозначения процентов, и "как он должен был применяться вне евреев, а не к ним". Секретность должна была быть превыше всего; никто за пределами семьи никогда не должен был знать, сколько у них денег. Согласно автору Джону Ривзу, который в своей книге *"Ротшильды: финансовые правители наций"* цитирует Макгрегора, автора книги *"Разоблачение Кахбалы"*:

> Пятеро сыновей начали вести бизнес в пяти европейских столицах, но действовали они согласованно друг с другом. Бизнес Ротшильдов с 1812 года был настолько огромен, а узы, связывающие различных членов семьи, настолько тесны, что их распутывание кажется почти безнадежным. Успех, достигнутый основателем, был обусловлен неспокойным состоянием мира. Майер Амшель был ребенком судьбы в той же степени, что и Наполеон.

У Майера Амшеля было пять сыновей и пять дочерей:

Ансельм Майер, родился в 1773 году, женился на Еве Ханнау

Саломон Майер, родился в 1774 году, женился на Каролине Штерн

Натан Майер, родился в 1777 году, женился на Ханне Леви Барнет Коэн в 1806 году

Карл, родился в 1788 году, женился на Аделаиде Герц

Якоб (Джеймс), родившийся в 1792 году, женился на племяннице Бетти, дочери своего брата Саломона. Ансельм, его старший сын, удостоился высокой чести стать членом Тайного торгового совета Королевской Пруссии, баварским консулом и придворным банкиром.

Это может показаться неважным сегодня, когда нет

классовых различий, но жесткая кастовая система того времени делала невозможным для "простолюдина" занимать такие должности, которые всегда предназначались для семей с благородными титулами, а евреи были прямо исключены из таких высоких должностей . Саломону Майеру удалось войти в ближний круг князя Меттерниха, виртуального правителя Австрии.

Пять девушек не получили никакой доли в бизнесе и не имели права голоса в его управлении, фактически будучи полностью исключенными. В большинстве случаев они вступали в "браки по расчету".

По словам автора Джона Ривза:

> Передвижения Ротшильдов тщательно отслеживаются и имеют такое же значение для общественности, как и передвижения любого министра. Одному энтузиасту-исследователю сказали, что невозможно назвать всех членов семьи, поскольку не существует родословной (The Rothschild Financial Sovereigns).

Согласно рассказу генерал-майора графа Череп-Спиридовича в книге *"Нераскрытое в истории"* и документам Британского музея в Лондоне, Майер Амшель на смертном одре прочитал отрывок из Талмуда, а затем обязал своих детей дать торжественную клятву, что они всегда будут оставаться единым целым и никогда ничего не предпринимать по отдельности.

ГЛАВА 2

Майеру Амшелю и пяти его сыновьям сопутствует удача

Во время работы в банке Оппенгеймера Амшелю посчастливилось познакомиться с генерал-лейтенантом бароном фон Эсторфом, аристократом, тесно связанным с ландграфом Гессен-Кассельским, чрезвычайно важной семьей, чья родословная насчитывает сотни лет.

В книге Армстронга "*The Rothschild Money Trust*" говорится, что ландграфом был Вильгельм IX:

> "Он стал денежным кредитором и агентом Вильгельма IX, ландграфа Гессен-Кассельского".

Заслуженный историк, военный и писатель граф Череп-Спиридович описывает это просто как

> "Амшель" стал управляющим ландграфа Гессен-Кассельского.

Говорят, что Майер оказал фон Эсторфу некоторые услуги за счет банка Оппенгейма, точные детали которых в настоящее время неизвестны.

Согласно моим исследованиям, проведенным в Британском музее, сначала это было сделано через финансового советника Вильгельма, некоего Карла Будуруса:

> "С Ротшильдами, схожими по своим амбициям, грозно упорными, терпеливыми и скрытными, они провели интеллектуально плодотворную встречу и решили заключить соглашение о взаимопомощи.

Детали разработанного ими плана так и не были раскрыты. Однако в *Еврейской энциклопедии* 1905 и 1909 годов Vo. X, стр. 499, проливает свет на этот вопрос:

> Наконец, он (Амшель) стал агентом Вильгельма IX, ландграфа Гессен-Кассельского, который, смерти своего отца, унаследовал самое большое частное состояние в Европе (оцениваемое в 40 000 000 долларов), в основном от найма войск для британского правительства для подавления революции в Соединенных Штатах.
>
> После сражения в июне 1806 года ландграф бежал в Данию, оставив на хранение Майеру Ротшильду 600 000 фунтов стерлингов (около 3 000 000 долларов). Согласно легенде, эти деньги были спрятаны в бочках из-под вина, избежали обыска наполеоновских солдат, когда те вошли во Франкфурт, и были возвращены в целости и сохранности избирателям.
>
> Факты менее романтичны и более профессиональны.

Изученные мною документы показывают, что "курфюрст", как его называли, не был очень щепетилен в вопросах происхождения денег, поступавших в его казну. Гессенские наемники были его основным товаром, их нанимали те, у кого было больше денег, чтобы заплатить им.

Гессенцы составили свой контракт с правителем, в котором четко говорилось, что принц получит большой аванс в начале военных операций, для которых они были наняты. После этого полагалась дополнительная выплата для солдат, еще немного для раненых и в три раза больше, если они погибали в бою. Эта сумма должна была быть выплачена наемникам или их иждивенцам, а не князю. Кроме того, срок действия договора о найме истекал не в момент объявления мира, а только через целый год после заключения мира и только тогда, когда наемники возвращались домой.

Британское правительство было самым крупным заказчиком, "нанимая" ежегодно от 15 000 до 17 000 гессенцев. Хотя нет прямых доказательств того, что Амшель и Будурус были исполнителями следующей схемы, представляется весьма вероятным, что это были именно они. Вместо того чтобы единовременная сумма и платежи отправлялись в Кассель, резиденцию принца, деньги хранились в Англии, где они были инвестированы. Проценты (согласованные Амшелем) выплачивались ландграфу в виде тратт. Часть денег, фактически переведенная в Кассель, затем использовалась для предоставления высокопроцентных кредитов другим нуждающимся князьям. Это привело к огромному потоку средств в Кассель и из него, что принесло значительный доход ландграфу, который объединился с семьей фон Турн и Таксис, владевшей почтовой монополией во всей Европе. Наемники, которые сделали больше всех, чтобы заработать эти деньги, не получили ничего, кроме обещанных сумм, поскольку они не знали о "частной" сделке, заключенной за их спиной.

Князья фон Турн и Таксис (члены Комитета 300) были рады получить долю добычи в обмен на то, что они действовали в качестве агентов разведки для ландграфа, а позже для Ротшильдов. Для этого они вскрывали важную почту в соответствии с инструкциями, читали содержание и сообщали ландграфу о том, что увидели, и по его приказу ускоряли или задерживали доставку писем в интересах ландграфа и Майера Амшеля - и в ущерб своим должникам.

(Более подробную информацию о семье фон Турн и Таксис можно найти в разделе *"Иерархия заговорщиков", "Комитет 300"*)[1].

Эти факты действительно далеки от романтических представлений о том, как Амшель начинал свою карьеру, и раскрываются полнее, чем все ранее опубликованные. Критики говорят, что факты далеки от тех, которые предлагаются в энциклопедии. Череп-Спиридович прямо

---

[1] Опубликовано Omnia Veritas Ltd, www.omnia-veritas.com.

заявляет, что деньги не были возвращены ландграфу и фактически были украдены Амшелем. В книге "*The Rothschild Money Trust*" автор Армстронг заявляет:

> Факты довольно "менее романтичны". Mayer Amschel Rothschild присвоил деньги. Эти деньги были испорчены с самого начала. Она была выплачена британским правительством ландграфу за службу его солдат, использовалась для подавления Американской революции, и солдаты имели на нее моральное право. Сначала его присвоил Вильгельм Гессенский, а затем Майер Амшель. Эти дважды украденные деньги - основа огромного состояния Ротшильдов. С тех пор он остается верен своему происхождению. В сотнях миллиардов, которыми сегодня владеет семья Ротшильдов, нет ни одного честно заработанного доллара. Вместо того чтобы вложить деньги в бочки с вином, Майер Амшель Ротшильд отправил всю сумму своему сыну Натану в Лондон, где тот основал лондонское отделение семьи.

Скорее всего, именно на эти деньги Натан открыл семейный банк "Н.М. Ротшильд и сыновья".

Армстронг продолжил:

> За свои заслуги Амшель назначается агентом императорской короны - титул, позволяющий ему свободно и беспрепятственно путешествовать. Его "партнерство" с князьями фон Турн и Таксис обеспечило его ценной информацией, которая дала ему преимущество перед всеми конкурирующими кредиторами. Натан Ротшильд вложил 800 000 000 золотых (по стоимости, а не по весу) из Ост-Индской компании, зная, что они понадобятся для кампании Веллингтона на полуострове.

Он получил не менее четырех прибылей:

1. На продаже бумаги Веллингтона, которую он купил за 50 центов за доллар и собрал по номиналу.

2. О продаже золота в Веллингтоне.

3. О его выкупе.

4. Передав его Португалии.

Это было началом большой удачи. То, как все еще относительно малоизвестный банковский клерк смог прорваться через социальные барьеры, отделявшие его от аристократического класса, является замечательным примером.

Согласно документам Британского музея:

> ... Принц был очень жадным и скупым и мало заботился о том, как увеличить свое состояние, завещанное ему отцом, Вильгельмом VIII (братом короля Швеции). Фредерик, наслышанный от фон Эсторфа о ловкости и беспринципности Амшеля, заинтересовался поиском "соломенного человека" для своих сомнительных покупок.

Амшель скрывал свои отношения с Фридрихом II за скромным фасадом, но несомненно, что он использовал свое влияние на старого ландграфа, чтобы заработать миллионы и получить политические выгоды. Он стал агентом ландграфа Гессенского, и первый государственный заем он организовал в 1802 году, когда датское правительство взяло десять миллионов талеров.

Хотя в то время об этом не было известно, деньги были получены из огромного состояния семьи ландграфа.

Чтобы привлечь внимание общественности, Амшель заявил, что отдаст свою долю прибыли Фридриху II, но так и не сделал этого. С этого момента судьбе Ротшильдов было суждено стать одной из самых поразительных историй успеха в истории финансирования и кредитования.

Его сын, Вильгельм IX, сменил Фридриха II и стал курфюрстом Вильгельмом Ier в 1785 году. В то время Амшель был своего рода "министром финансов" покойного Фридриха II и знал все секреты семьи.

Они сразу же поладили. Они оба родились в 1743 году. Амшель скрывал свое истинное богатство от курфюрста Вильгельма Ier, всегда нося одну и ту же одежду и притворяясь бедным. С того момента, как он стал управляющим состоянием курфюрста Вильгельма^{er} , состояние Амшеля увеличивалось по мере уменьшения состояния его работодателя. В 1794 году произошло событие, которое заставило курфюрста Вильгельма Ier бежать: захват Кобленца французским генералом Хоше.

Опасаясь, что его коррупционные действия будут разоблачены (на самом деле это были планы Амшеля, соломенного человека) в результате оккупации, курфюрст Вильгельм Ier бежал, передав управление Амшелю.

Это подлинная история о том, как Ротшильды получили свои деньги. Это не было сделано с помощью залога, ловкой спекуляции или любой другой широко распространенной сказки, которая звучит так романтично.

Гениальность сыновей следует приписать удаче ландграфа Гессенского, а не причудливой "гениальности" пяти братьев! Это был случай "кражи путем обращения", чистый и простой.

Майер умер во Франкфурте 12 декабря 1812 года, оставив наследство пяти сыновьям и меньшую сумму пяти дочерям.

ГЛАВА 3

Ротшильды входят в европейское высшее общество

То, что Майер оставил большую часть своих денег пяти сыновьям и гораздо меньше дочерям, свидетельствует о том, что он и его предки рассматривали женщин как слабое звено в цепи.

Женщины должны были использоваться для браков по расчету внутри семьи, для бизнеса. Другими словами, браки заключались ради коммерческой выгоды.

Идея "равенства" между мужчинами и женщинами не существовала в сознании Майера. Современная кампания за равные права для женщин под руководством социалистов возникла более чем через сто лет и была в основном ограничена равными правами для нееврейских женщин. Амшель разделил страны Европы, как буханки хлеба, выделив своим сыновьям Германию, Австрию, Великобританию, Италию и Францию в качестве "своих территорий".

Позже он отправил одного из членов своей семьи, человека по фамилии Шенеберг, в США под именем Август Бельмонт. Он стал той "скрытой рукой", которая тайно приняла законодательство, позволившее Федеральной резервной системе стать законом.

Интересами сыновей Ротшильда стали международные финансы и банковское дело, они создали филиалы в главных столицах Европы, Париже, Неаполе, Вене и Лондоне, каждый под пристальным наблюдением одного из пяти сыновей, в то время как "Бельмонт" стал активно участвовать в банковской деятельности и политике Демократической партии в Америке. За относительно короткий период времени Ротшильды смогли вовлечь в свою орбиту и подчинить своему влиянию всю Европу. Они покупали чиновников и дружили с монархами и принцами Европы, следя за тем, чтобы в семью не проникали посторонние. Когда одна из дочерей заводит "любовную интрижку", ее безжалостно раздавливают. Ей рассказывают, что братья рассматривают брак как деловую сделку и организуют браки для партнерства.

Потребовалось всего лишь одно поколение планирования, интриг и манипулирования общественным мнением, чтобы Ротшильды стали величайшей силой и влиянием не только в делах Европы, но и на Дальнем Востоке, а позже и в Соединенных Штатах. Межродственные браки сплотили семью в единый и сильный фронт. В 1815 году Австрия подготовила почву для этого, предоставив пяти братьям наследственный титул "барон" с прилагающимися к нему земельными владениями. За их стремительным взлетом к славе, богатству и власти было удивительно наблюдать. Они никогда не принимали ни одного решения или шага без тесной консультации со своим "агентом связи" и "источником привилегированной информации", фон Турн и Таксис.

Если политические позиции власти не удавалось достичь, их покупали. Майер Амшель, глава Франкфурта, например, купил себе место в прусском Тайном торговом совете. Это была должность, которая в прошлом была доступна только королевским особам, и ее успех потряс прусскую аристократию, вызвав большую тревогу и замешательство.

После Реставрации Бурбонов (в которой Ротшильды сыграли значительную роль) младший брат, Джеймс (Якоб), получил хартию на создание филиала банка Ротшильдов в Париже.

Быстро осознав важность железных дорог, Джеймс

профинансировал несколько новых линий и заработал огромное состояние. Он ссужал постоянно тратящимся Бурбонам миллионы франков.

Натан был самым гениальным из пяти братьев. Третий в очереди, он был тем, к кому остальные обращались за советом. Когда братья решили переехать в Англию, они отправили Натана не в Лондон, а в мрачный северный промышленный город Манчестер. Это было связано с тем, что у Ротшильдов были большие коммерческие планы в отношении торговли тканями в этом городе, которые они намеревались использовать в полной мере, прежде чем перенести свою деятельность в Лондон. Большая часть ткани для униформы британской армии и флота первоначально поставлялась из Германии. Благодаря "почтовой разведке", предоставляемой почтовой монополией фон Турн и Таксис, Ротшильды узнают, что война с Наполеоном неизбежна. Натан был быстро отправлен в Германию, чтобы скупить все запасы этих тканей.

Когда манчестерские мануфактуры получили от британского правительства заказ на изготовление обмундирования для армии и флота, они отправили своих агентов в Германию, чтобы закупить необходимые запасы ткани, как они всегда делали, но узнали, что вся продукция уже продана Натану Ротшильду, у которого они теперь вынуждены покупать.

Когда новость достигла Манчестера, начались бурные волнения. В какой-то момент Натан стал опасаться за свою безопасность. Прожив пять лет в Манчестере, Натан в 1805 году переехал в Лондон.

На самом деле, "бегство" было бы лучшим описанием, как он был вынужден поступить, когда общественный гнев на его действия начал нарастать.

Одной из главных причин огромного успеха Натана было то, что он понял, что быстрая коммуникация является ключом к победе над конкурентами. Для связи он использовал самых быстрых всадников, корабли и даже почтовых голубей. Он жадно искал "внутреннюю информацию", которую скрывал от своих конкурентов и правительств. Он имел своих тайных агентов во всех столицах Европы.

Эта преданная группа никогда не стеснялась ездить ночью, зимой и летом. Они разводили лучшую породу почтовых голубей и плавали на самых быстрых судах, иногда скупая все проходы между Францией и Англией, чтобы блокировать конкурентов.

Главным принципом работы Натана было приобретение государственных облигаций, которые находились в состоянии дефолта или были готовы к дефолту, с огромными скидками. Через некоторое время на соответствующие правительства было оказано сильное давление с целью заставить их погасить облигации по номинальной стоимости, что принесло Натану невероятную прибыль. Он стал финансовым агентом более чем половины европейских правительств. Некоторые весьма примечательные люди в прошлом заявляли, что "цивилизация закончилась в 1790 году", включая Г. Г. Уэллса, знаменитого британского писателя-истеблишмента, который заявил в газете *"Нью-Йорк Америкэн"* (27 июля 1924 года), что умственный и моральный прогресс человеческой расы закончился в 18600 году.

Уэллс был в хороших отношениях с Ротшильдами, которым нравилась его идея Лиги Наций, которую Уэллс называл "мировым государством", что, по его словам, было неизбежно. Эрлангеры пожертвовали на эти цели 3 000 долларов, как и Н.М. Ротшильд.

Джордж Бернард Шоу, ирландский драматург, сказал Гийеру Беллоку: "В 1790 году произошло нечто грандиозное". Об этом сообщалось в газете *"Нью-Йорк Таймс"*:

> Есть основания полагать, что они имели в виду великие революционные движения, начавшиеся в середине и конце XVIII века, когда в 1779 году Амшель Ротшильд стал

хозяином самого богатого человека на земле, ландграфа Гессен-Кассельского.

ГЛАВА 4

Стены Иерихона [Франкфурта] рушатся

Я уже упоминал, что только пятистам еврейским семьям было разрешено жить во Франкфурте, Германия. То, как Майер Амшель справился с этой проблемой, стало его визитной карточкой. По случаю рождения сына Наполеона великий герцог Дальберг из Франкфурта хотел отправиться в Париж, чтобы выразить свое почтение, но ни один из банков не дал ему денег на поездку.

Однако старый Амшель увидел возможность сделать Дальберга своим должником и одолжил ему восемьдесят тысяч гульденов под пять процентов. На великого князя не оказывалось никакого давления в отношении возврата займа, пока выплачивались проценты, но в то же время Ротшильды просили оказать мало услуг, от которых великий князь мог или хотел отказаться.

Амшель и его семья занимались обширными контрабандными операциями вопреки французскому бойкоту Англии, что принесло Ротшильдам большие деньги. Подозрение пало на Амшеля, и на май 1809 года был запланирован рейд.

Дальберг, который никогда не упускал возможности занять деньги у Амшеля по выгодным ставкам, сообщил ему о готовящейся облаве через своего исполнительного комиссара полиции фон Эйцлейна.

В результате бешеной активности контрабанда и

компрометирующие документы были переданы надежным друзьям, так что когда инспектор Савагнер и его люди прибыли на место, они нашли старого Майера Амшеля в постели, а обыск не выявил ничего компрометирующего. Хотя инспекторы наполеоновского торгового бойкота вернулись с пустыми руками, Амшель все же был оштрафован на мизерные 20 000 франков, но избежал тюрьмы, что произошло бы, если бы контрабанда была обнаружена инспекторами.

Когда волнения утихли, Амшель занялся проблемой ограничений на количество еврейских семей, которым разрешалось проживать во Франкфурте. Он обратился к Дальбергу, который все еще был должен ему основную сумму кредита.

Согласно закону, каждая еврейская семья должна была платить ежегодный налог в размере 22 000 гульденов, чтобы остаться в городе. Амшель и один из его партнеров, некий Гумпрехт, убедили великого князя принять единовременную сумму, которая дала бы евреям право на гражданство во Франкфурте, чему так сильно противилось христианское большинство. Более того, Амшель требовал не только равного гражданства, но и разрешения евреям создавать свои собственные органы управления и советы.

Жадный Дальберг потребовал, чтобы предложенная Amschel единовременная сумма была в двадцать раз больше общей суммы годового взноса.

Амшель и его друзья ответили на запрос, заплатив 294 000 гульденов наличными, а остаток - облигациями на предъявителя.

В письме великому князю, подтверждающем договоренность и условия, Амшель показал, что когда требовалось скромное и угодливое поведение, он был мастером этого искусства:

> Если я могу быть вестником доброй вести, как только она будет подписана Его Королевским Высочеством, нашим

> превосходнейшим Государем и Великим Князем, в пользу, и я смогу сообщить моему народу о его великой радости, вы будете так добры, что сообщите мне ее по почте, признайтесь, что я злоупотребляю вашей добротой и милостью, Но я не сомневаюсь, что ваше высочество и ваша почтенная семья должны ожидать больших небесных наград и что они получат много счастья и благословения, ибо действительно вся наша еврейская община , если им посчастливится получить равные права, с большим удовольствием будет платить все повинности, которые должны платить граждане.

Обратите внимание, как Амшель смело утверждал, что евреи Франкфурта составляют отдельную нацию. Принятие соглашения заняло некоторое время, но когда оно было принято, Амшель сразу же объявил о создании руководящего органа сообщества израильских религий, первым президентом которого стал фон Эйцлейн (еврей), возможно, в награду за то, что он сообщил Амшелю о планируемом рейде контрабандистов в мае 1809 года. Сенат и христиане были в ярости и немедленно атаковали соглашение как дающее особые привилегии евреям.

Ходят слухи, что Дальберг получил значительную сумму, которую он не обнародовал. Настроения против Дальберга и евреев достигли пика. Были выдвинуты обвинения во взяточничестве в обмен на равные права. После падения Наполеона Дальберг был смещен и заменен бароном фон Гугелем Гессенским.

Амшель не боялся ни Австрии, ни Пруссии, их правительства были у него на ладони, но он опасался, что когда Венский конгресс в 1814 году примет решение о статусе Франкфурта, Дальбергское соглашение не будет соблюдено. Он послал Якоба Баруха и некоего Гомперса в качестве своих представителей, но венская полиция установила за ними слежку как за революционерами и приказала выслать их из страны.

Однако князь Меттерних, который был создан Натаном Ротшильдом, так же как Адам Вейсхаупт, Наполеон,

Дизраэли и Бисмарк были всего лишь марионетками (или "приспешниками") Ротшильдов, отменил приказ. Взяточничество и коррупция практиковались открыто.

Гумбольду предложили три прекрасных изумрудных кольца с настоящим состоянием, плюс четыре тысячи дукатов, от которых он отказался.

Секретарь Меттерниха, Фридрих фон Гентц, однако, принял предложенные взятки и навсегда стал ценным посредником Ротшильдов в отношениях с влиятельной австрийской знатью и политическими лидерами .

Когда весть о высадке Наполеона на французскую землю из ссылки на острове Святой Елены достигла Конгресса, "еврейский вопрос" пришлось отложить в сторону. Венский конгресс стал первой всемирной конференцией, на которой доминировали международные банкиры, а Ротшильды внесли большой вклад в контроль банкиров над принятыми решениями.

ГЛАВА 5

Ротшильды грабят пять великих держав

Граф Буоль-Шауэнштейн, представитель Австрии, скандализирует из-за сделки, заключенной Дальбергом-Ротшильдом с евреями Франкфурта:

> Торговля остается единственным средством существования для евреев. Этот народ, который никогда не объединяется с другими, но всегда держится вместе, преследуя свои собственные цели, скоро затмит христианские предприятия; и с ужасно быстрым ростом их населения, они скоро распространятся по всему городу, так что еврейский торговый город постепенно появится рядом с нашим почтенным собором.

Я потратил значительное количество времени на изучение документов в Британском музее, которые так или иначе касались этой семьи, чтобы написать о становлении династии Ротшильдов, и многое из того, что было сказано, было взято из этого источника. Барон Джеймс стал великой личностью. Короли и министры были вынуждены полагаться на него, и он оправдал это, предоставив заем в 520 миллионов франков правительству Реставрации, которое нуждалось в деньгах после великих войн Революции и Империи. В своей книге *Les Juifs rois de l'époque* Туссенел пишет:

> Роковой 1815 год можно считать эпохой новой власти; хотя до этой даты коалиция банкиров, купивших великие потрясения Московским походом и Ватерлоо - надо помнить о вмешательстве евреев в наши (французские)

национальные дела. В 1815 году Франция была приговорена к выплате 1500 миллионов франков в качестве военной компенсации и стала жертвой международных финансистов из Франкфурта, Лондона и Вены, которые объединили свои усилия, чтобы воспользоваться ее бедствием. Джеймс Ротшильд заплатил всего 50 франков за каждую 100-франковую государственную облигацию и получил пять франков процентов, что составило десять процентов от суммы, отданной в долг, а в следующем году основная сумма стала приносить вдвое больше. Иаков стал кредитором царей. В сочетании с его спекуляциями на фондовом рынке, где он мог влиять на рост и падение акций, доходы барона выросли до миллионов.

В период с 1815 по 1830 год Ротшильды только и делали, что грабили пять великих держав: Англию, Россию, Францию, Австрию и Пруссию. Например, Пруссия заняла 5 000 000 фунтов стерлингов под 5%, но получила за свои государственные облигации только 3 500 000 фунтов стерлингов или 70%, поэтому реальная процентная ставка составила более 7%. Но ключевым моментом сделки было то, что облигации должны были быть погашены через несколько лет на 100%. Ротшильды получили прибыль в размере 1 500 000 фунтов стерлингов плюс проценты. В 1823 году Джеймс взял на себя весь французский заем.

Как пишет профессор Вернер Зомбарт в своей книге "*Евреи и экономическая жизнь*":

> Период с 1820 года стал эпохой Ротшильдов, так что к середине века было принято говорить, что в Европе существует только одна власть - Ротшильды.

Как объяснялось ранее, художественное произведение Дизраэли "*Конингсби*" было тонко замаскированным рассказом о жизни Натана Ротшильда II, причем чрезвычайно откровенным:

> Его отец [Натан Ротшильд] основал братство в большинстве крупных столиц. Там он был властелином и хозяином мировых денежных рынков и, конечно же, практически властелином и хозяином всего остального. Он буквально держит в залоге доходы южной Италии [через Карла Ротшильда в Неаполе], а монархи и министры всех стран

прислушиваются к его советам и руководствуются его предложениями. Между Парижем и Неаполем Сидони [Лайонел] провела два года. У Сидони нет сердца, он человек без привязанностей.

Это книга, которую Натан Ротшильд продиктовал Дизраэли и опубликовал как художественную литературу, но более точной истории Ротшильдов не существует. Кем был Дизраэли?

В книге *"La Vielle France"* N° 216 Бисмарк заявил, что Дизраэли был простым инструментом Ротшильдов и что именно Дизраэли и Ротшильды разработали план расчленения Соединенных Штатов посредством масштабной гражданской войны. Дизраэли был лишь одним из их творений, которое они подняли из безвестности к славе. Его дед, Бенджамин Д'Израэль, прибыл в Англию в 1748 году. Его сын, Исаак Д'Израэль, родился в 1766 году и вскоре стал большевиком. Одна из его работ называется *"Против торговли"*.

О своем отце Дизраэли сказал: "Он жил с учеными людьми. Этими учеными людьми были Натан Ротшильд и его окружение. Кстати, "Эль-Израиль" (D'israeli?) - это арабское название турецкого происхождения, используемое на Ближнем Востоке для обозначения людей еврейского происхождения. Вероятно, семья его отца приехала из Турции в Италию и поселилась в Анконе или Ченто. Исаак занимался письменностью и, как и многие ученые до него, часто посещал Британский музей.

Он также был импортером соломенных шляп, мрамора и квасцов, но Исаак хотел писать.

В 1788 году отец отправил его учиться во Францию, Италию и Германию. Он вернулся в Англию в 1789 году и написал книгу *"The Curiosities of Literature"*, которая была опубликована социалистом Джоном Мюрреем. Книга имела литературный успех и выдержала тринадцать изданий.

Бенджамин, вероятно, унаследовал навыки письма от своего

отца.

Бенджамин родился в 1804 году в семье со скромным достатком, был обрезан на восьмой день по еврейскому обычаю и вырос в еврейской вере. Хотя он гордился этим, мы можем предположить, что он очень рано понял, что в том, что касается государственной службы, его "еврейство" будет недостатком, поскольку в Англии того времени религия запрещала евреям становиться членами политической партии.

Но по приказу Натана Ротшильда, в возрасте тринадцати лет, Бенджамин был крещен 31 июля 1817 года как христианин, чтобы он мог войти в английское общество и политический истеблишмент, который в то время был закрыт для евреев Законом об испытаниях. Приказом Натана Ротшильда было разрушить все барьеры против евреев.

Однажды он сказал лорду Мельбурну, министру внутренних дел: "Я собираюсь стать премьер-министром Англии", что Мельбурн счел причудливым и невозможным. Конечно, в то время Мельбурн не знал о связях Дизраэли с Ротшильдами. Но сначала откуда-то должно было появиться необходимое финансирование. В двадцать два года он начал "спекулировать" на фондовом рынке, что было крайне маловероятным занятием для человека, который всегда был без гроша в кармане.

Некий Томас Джонс - более чем вероятно, что это вымышленное имя - нашел две тысячи фунтов для начала, а затем девять тысяч фунтов - огромная сумма в те времена, чтобы вложить ее в неопытного писателя без гроша в кармане! Не нужно большого воображения, чтобы сделать вывод, что "Томас Джонс" был не кто иной, как Натан Ротшильд.

Как и биографы Наполеона Ier, Бисмарка, Меттерниха, маршала Сульта (который предал Наполеона при Ватерлоо), Карла Маркса, Бомбеля, Лассаля, Герца, Керенского и Троцкого, похвалы в адрес Дизраэли, в прошлом не существовавшего, были обильны. Дж. Г. Локхарт, зять сэра

Вальтера Скотта, был вне себя от радости, когда писал в 1825 году:

> Я могу честно сказать, что никогда не встречал более перспективного молодого человека. Он - ученый, прилежный студент, глубокий мыслитель, большая энергия, не меньшее упорство, неутомимая работоспособность и основательный деловой человек. Его знание человеческой природы и практическая направленность всех его идей часто удивляли меня, молодого человека, которому едва минуло двадцатый год.

Другой ошеломленный друг написал:

> У него не было ни звания, ни важных друзей, ни состояния, но он был способным ученым, ошеломившим истеблишмент смелостью своей концепции, своими блестящими триумфами. Он обладал той высочайшей уверенностью в себе, которая равносильна виртуальной гениальности. Он никогда не унывал.

Конечно, да! При поддержке Натана Ротшильда мир был у его ног. Если бы только можно было переписать историю!

> Английская аристократия не была уничтожена "французской" революцией и оставалась непримиримо настроенной против евреев, пока Дизраэли от имени Ротшильдов не победил их. Дизраэли был Троянским конем, пробравшимся в самое сердце английского общества и его политического истеблишмента.
>
> (Документы графа Череп-Спиридовича и Британского музея)

В декабре 1922 года британская газета "Гардиан" опубликовала статью доктора Джона Кларка, которую стоит процитировать:

> О том, как эта могущественная фирма [Ротшильды] управляет правительством Франции и Англии, можно судить по двум недавним событиям. Секретарь французского легата г-н Тьерри, работающий в посольстве в Лондоне, несколько месяцев назад женился на еврейке из клана Ротшильдов. И сейчас скрытые наставники новой "консервативной" партии Бонара Лоу [премьер-министр

Великобритании, обещавший следовать политике Дизраэли] - те же самые.

Правительство побудило его отправить послом в Париж недипломатичного "либерала", маркизу де Кру, чья жена - дочь Ханны Ротшильд, графини Розберри. Здесь мы имеем реальную основу франко-британской Антанты - "R.F.", что означает Rothschild Frères, братья Ротшильды, охватывает Британскую империю, Французскую республику и большинство других республик и королевств между Москвой и Вашингтоном.

Кто проложил путь к таким поразительным изменениям на английской политической сцене? Это был Дизраэли, который "контролировал" премьер-министра Бонара Лоу. В книге Бакла *"Жизнь Дизраэли"* автор не дает никаких указаний на то, кто сделал Дизраэли:

"Ни одна карьера в английской истории не является более удивительной, чем карьера Дизраэли, и ни одна до сих пор не была окутана большей тайной".

На самом деле, никакой "тайны" не было. Если бы не Натан и его сын Лайонел Ротшильд, Дизраэли никогда бы не существовал за пределами своего небольшого, тесного семейного круга. С 1832 по 1837 год у Дизраэли были большие проблемы с невыплаченными долгами. В апреле 1835 года он был вынужден проводить большую часть времени дома, чтобы "избежать ущемления со стороны кредиторов", как он писал в письме к леди Генриетте Сайкс, своей любовнице.

В августе 1835 года Дизраэли уехал в Брейденхэм, спасаясь от кредиторов. Одним из них был Остин, который угрожал, что его арестуют и отправят в тюрьму для должников. В Брейденхеме он пытался написать свой роман "*Генриетта Темпл*". К этому времени долги затмили его писательскую деятельность. В июле еще один из его кредиторов, некий Томас Мэш, требовавший выплат, стал срочно требовать их, и Дизраэли ходил под страхом (когда он выходил на улицу) неминуемого ареста.

Постоянно испытывая финансовые трудности, в возрасте двадцати лет сильно задолжав и не сумев получить место в Палате общин, что он пытался сделать с 1832 по 1837 год, Ротшильды, наблюдавшие за ним с десятилетнего возраста, сделали его своим "камердинером".

В письме к своей сестре Саре в 1849 году Бенджамин признается в этом. Тот год стал худшим финансовым периодом в его жизни. Его преследовали кредиторы, и ему пришлось предстать перед судом ассизов, когда, как он сказал в своем письме Саре, "Майер Ротшильд невольно выпустил кота из мешка".

Дизраэли не "поднял Англию на высочайшую позицию", как утверждает Бакл. Напротив, он подготовил Англию к серии катастрофических войн. Он напугал несколько поколений англичан своей ложью о том, что "Великая Россия" якобы представляет опасность и угрозу для Великобритании. Премьер-министр Гладстон обвинил Дизраэли во лжи. Был ли он искренен в отношении предполагаемой российской "опасности"?

Лорд Гладстон сказал, что есть только две вещи, к которым он относится "серьезно: его жена и его раса". Гладстон, очевидно, не знал, что Бенджамин "серьезно" относился к Ротшильдам, о которых он редко говорил, возможно, потому, что никто любого ранга не мог безнаказанно бросить вызов Ротшильдам. Бенджамин Дизраэли - подходящий человек для Ротшильдов, Лайонела, Майера, Энтони и их семей, включая Монтефиоров. В письме своей сестре Саре он написал, что после медового месяца в доме миссис Монтефиоре была вечеринка, на которой "не было ни одного христианского имени".

Несомненно, Бенджамин оказал большую услугу своим наставникам, обеспечив их "разведданными" со своего высокого положения.

Известно, что именно одна из таких "шпионских работ" позволила Ротшильдам начать выгодное кредитование Суэцкого канала.

Описанный как "государственный переворот", затеянный Дизраэли, на деле оказался не таким простым. Через свою секретную "разведывательную" службу Дизраэли узнал, что хедив Египта , Измаил-паша, хочет продать свои акции в Универсальной Суэцкой компании.

Благодаря "информации", предоставленной фон Турном и почтовым контролем Таксиса, 15 ноября 1875 года Дизраэли был проинформирован о том, что хедив ведет переговоры с двумя французскими банками о продаже акций. Дизраэли немедленно бросился к барону Лайонелу де Ротшильду, который согласился предоставить британскому правительству кредит на эти цели. Секретный план был разработан Лайонелом и Дизраэли и представлен британскому кабинету министров для принятия 24 ноября. Способность Лайонела действовать так быстро не упоминается, и поэтому в глазах общественности это остается "трюком Дизраэли".

Этот рассказ, взятый из собрания сочинений генерал-майора графа Череп-Спиридовича, в значительной степени развеивает мифы и легенды, сложившиеся вокруг жизни и времени Натана Ротшильда, его близких и дальних родственников, живших в Лондоне, и легендарного Дизраэли.

ГЛАВА 6

Бенджамин Дизраэли: шпион на службе у Ротшильдов

Это была беспроигрышная ситуация, Ротшильды всегда были готовы выручить Бенджамина из его финансовых проблем, особенно в 1835, 1849, 1857 и 1862 годах, когда его долги составили около 300 000 долларов, которые он никак не мог погасить. Столкнувшись со своим врагом, герцогом Портлендским, который преследовал его, он "одолжил денег" у подставного лица барона де Ротшильда, некоего Филипа Роуза, который случайно остановился в том же отеле в Торки в то же время, что и барон Ротшильд. Мы полагаем, что Роуз убедил Ротшильда одолжить Дизраэли деньги, в которых он нуждался. Расположенный на восточном побережье Англии, Торки был фешенебельным морским курортом с прекрасными отелями и спа-салонами, который часто посещали члены королевской семьи и их родственники. В письме к своей сестре в декабре того же года Бенджамин написал:

> "Он любит давать друзьям, а не одалживать, потому что никогда не берет с меня процентов...".

Я предлагаю изучить историю некоторых из самых известных людей мира и попытаться выяснить, какую роль Ротшильды сыграли в их жизни. По той же причине я рассмотрю революции и войны. Это сложная задача, но она необходима как никогда.

В истории правящей элиты было так много лжи, что наши

чувства притупились, и я задаюсь вопросом, как правда когда-нибудь станет известна простым людям этого мира, которым пришлось вынести на себе основную тяжесть этих потрясений и которые никогда не знали, почему им пришлось пойти на такие ужасные жертвы. Конечно, у них есть объяснения, вбитые пропагандой, которые удовлетворяют большинство людей, но для тех, кто хочет знать правду, никогда не было достаточно говорить о "патриотизме", "любви к стране", "сделать мир безопасным для демократии" и вести "войну, которая положит конец всем войнам". Я не могу заглядывать слишком далеко в историю, поэтому давайте начнем с самых взрывоопасных потрясений, которые произошли в мире, начиная с 18 века и личностей, участвовавших в них, а затем продолжим в 20 веке. Из соображений экономии места мы ограничимся рассмотрением наиболее значимых аспектов этих событий.

Хотя нет никаких материальных доказательств участия Ротшильдов в катаклизме Французской революции, историки склонны считать, что они стояли за ней через некоторых своих агентов. Их хорошо известная ненависть к христианству и желание избавить Францию от христианской монархии, которую она представляла, стали движущей силой революции. Неприятие христианства - это тот фактор, который побудил бы Ротшильдов предпринять косвенные действия, чтобы противостоять ему при любой возможности.

В прошлом стало ясно одно: все войны, которые велись с тех пор, были направлены на продвижение международного социализма, ярыми сторонниками которого были Ротшильды.

Документы, хранящиеся в Британском музее, свидетельствуют о том, что Ротшильды были глубоко вовлечены во все восстания и войны, начиная с 1770 года. Косвенным образом есть свидетельства того, что ветвь Ротшильдов участвовала в финансировании Французской революции через банк Мозеса Мокатты, дяди сэра Мозеса

Монтефиоре, брат которого, Абрахам Монтефиоре, был женат на Жанетте, дочери Майера Амшеля.

Сын Майера Амшеля Натан женился на невестке сэра Мозеса Монтефиоре в 1806 году. Другая дочь Авраама Монтефиоре, Луиза, вышла замуж за сэра Энтони Ротшильда в 1840 году.

Фактический подход к истории позволяет нам понять, что еврейские банкирские дома Даниэля Ицига, Давида Фридландера, Герца Герибеера и Бенджамина и Авраама Гольдшмидта были главными финансистами "французской" революции. Интересно отметить, что из пятидесяти восьми браков, заключенных потомками Майера Амшеля, двадцать девять были заключены между двоюродными братьями и сестрами.

С 1848 года темпы ускорились. Маркс установил, что все войны должны быть направлены на продвижение международного социализма, а Ленин и Троцкий закрепили это в коммунистической доктрине. Первая мировая война была начата с целью установления большевизма в России, создания "дома для евреев в Палестине", уничтожения католической церкви и расчленения Европы.

Первая попытка создания единого мирового правительства была предпринята под прикрытием Лиги Наций. Вторая мировая война велась для того, чтобы уничтожить Японию и Германию - две страны, где национальный дух был особенно силен, - сделать СССР коммунистической мировой державой и распространить влияние большевизма на три четверти мира. После войны США призвали присоединиться к следующей попытке создания единого мирового правительства - Организации Объединенных Наций.

Вторая мировая война изменила лицо Соединенных Штатов, которые были вынуждены из-за большого контингента международных социалистов, занимавших руководящие посты, отлучиться от своей Конституции и республиканской формы правления и взять на себя роль новой мировой Римской империи. Одним словом, Соединенные Штаты из христианской республиканской формы правления превратились в имперскую державу, призванную завоевать мир во имя и во имя международного социализма.

За этими мощными изменениями стояли власть, деньги и направляющая рука Ротшильдов. Я попытаюсь рассмотреть основные события, которые вызвали эти войны, и другие важные исторические события.

В то время, когда во Франции разразилась революция, дворянство и духовенство были либеральны по отношению к французским гражданам. Они имели свободу труда и свободу прессы; согласно книге Луи Дасте "*Масонство и террор*", основанной на записях периода до 10 августа 1789 года - все, чего хотел французский народ в плане свободы, свободы от чрезмерного налогообложения и свободы религии, было предоставлено. Если я чему-то и научился в истории, так это тому, что существует злая сила, которая ненавидит и борется до смерти за любую форму свободы и справедливости для простых людей в мире.

Всякий раз, когда создавалась такая система управления, приходили эти тайные и злые правители и свергали эти благожелательные правительства, прибегая к крайнему насилию и жестокости. Примером может служить Россия, где царь Александр II согласился на новую конституцию.

Его министр Столыпин запустил механизм наделения крестьян землей и национализации банков; царь Николай запретил войны, пригрозив "расстрелять первого, кто выстрелит"; цари были известны как самые культурные, образованные и изящные люди в мире. Столыпин был жестоко убит революционерами-большевиками, чтобы не допустить претворения в жизнь обещанных царем свобод и реформ.

4 августа 1789 года восемьдесят три неопознанных человека ворвались в парижский отель де Виль с криками "мы - 300" (тем самым нечаянно раскрыв скрытую руку своих контролеров).

Во Франции мэрия обычно является центром гражданской администрации. Робеспьер и Дантон не сразу присоединились к возникшей жажде крови. Стефан Лозанн, редактор газеты Le *Matin de Paris, в своей* статье от 6 января 1923 года сказал:

> Мы, французы, думаем, что знаем все о силах нашей планеты. Но мы ничего не знаем о людях, чьи имена массы не могут даже произнести. Эти люди, более могущественные, чем Цезарь или даже Наполеон, вершат судьбу Глобуса. Эти люди руководят главами государств, контролируют и подчиняют себе людей, которые управляют , манипулируют биржами, начинают или подавляют революции.

Он не знал, что Ротшильды создали и контролировали Наполеона как свой инструмент, и что они избавились от него, как только корсиканский гений осознал этот факт и впал в состояние бунта, первым проявлением которого стал развод с его женой, креолкой Жозефиной. Филип Фрэнсис, написав в газете "*Нью-Йорк Америкэн*" под заголовком "Яд в Кубке Америки", сказал:

> Теоретически мы управляем сами собой, в действительности же нами управляет олигархия американского филиала Международной федерации банкиров, коалиция мародеров. Британское правительство - это камуфляж, за которым денежные короли этого мира до сих пор скрывали свою экономическую войну против народных масс.

Прямых доказательств причастности Ротшильдов к началу Французской революции нет, но существует множество свидетельств того, что Мирабо был членом ложи Les Amis Réunis, как и его партнер Талейран. Мирабо и Талейран открыли Наполеона, который до этого был малоизвестным офицером французской армии. Считается, что многие детали Французской революции обсуждались во дворце ландграфа Гессенского в Вильгельмсбаде, где, как известно, часто встречались ведущие масоны, что устанавливает связь с Майером Амшелем, возглавлявшим "тайный конклав, смертельно опасный и неизвестный масонам", где планировалась "Французская" революция.

Через Вильгельмсбад была также установлена связь с Адамом Вейсхауптом, основателем иллюминатов. В вышеупомянутой книге *"Денежный трест Ротшильдов"* на странице 17 говорится следующее:

> Также принято считать, как они утверждают, что иллюминаты сыграли главную роль в наступлении кровавых дней 1789 года, которые они подготовили и, по слухам, финансировали евреи, а великий дом Ротшильдов как раз достиг финансовых высот. Существуют доказательства того, что это восстание против королевской власти финансировалось "великим домом Ротшильдов" и что Французская революция была спровоцирована евреями. Это был последний акт, освободивший евреев от политических и гражданских ограничений во Франции.

К сожалению для истории, *The Rothschild Money Trust* не предоставляет конкретных источников в поддержку утверждения о том, что Французская революция финансировалась Ротшильдами.

В 1782 году, "приобретя" огромное состояние ландграфа Гессен-Кассельского, Амшель обращается к Вайсхаупту, который в то время вел жизнь нищего. Вайсхаупт - человек со скромным достатком, который изо всех сил пытается найти деньги, чтобы оплатить незаконный аборт, сделанный его невестке. После встречи с Амшелем Вайсхаупт прибывает в Париж, имея в своем распоряжении миллионы франков. Он "импортирует" не менее 30 000 преступников худшего сорта и размещает их в логовах в Париже. Он делает то же самое в Германии. Когда все приготовления завершены и на сцене разворачивается 1789 год, в Париже начинается настоящий ад. Согласно автору Пуже Сент-Андре, летописцу революции, вспыхнувшей во Франции, Дантон - еврей, как и Робеспьер, настоящее имя которого Рубен. Пуже Сент-Андре, автор книги *"Писатели французской революции"*, задал вопрос, на который до сих пор нет ответа:

"Почему Конвенция пролила столько крови? Говорят, что кровопролитие было вызвано ненавистью народа к привилегированному классу. Как объяснить низкий процент казненных аристократов, составляющий всего 5% от всех осужденных? Почему реформы были куплены по непомерной цене в 4 миллиарда франков и 50 000 голов, когда Людовик XVI уже предлагал их бесплатно?".

Эрнест Ренан в своей работе "*Конституционная монархия во Франции*" писал Убийство короля Людовика XVI было актом самого отвратительного материализма, самого позорного исповедания неблагодарности и подлости, самого обычного злодейства и забвения прошлого. Ничто, кроме жажды крови тех, кто предал короля смерти, не оправдывало такую жертву.

ГЛАВА 7

Свидетельства об ужасах Французской революции

Все те, кто выполнил работу тайных обществ и их приспешников по захвату Франции, были затем казнены, некоторые ужасно и жестоко, включая Дантона и Робеспьера, как можно предположить, чтобы заставить их замолчать, чтобы однажды у них не возникло искушения раскрыть, кто стоял за революцией.

Убийство, как тогда, так и сейчас, было излюбленным оружием против тех, кто пытался помешать воле "300".

Лорд Актон в своем эссе о Французской революции сделал следующее наблюдение:

> Ужасает не шум, а дизайн. Сквозь огонь и дым мы видим свидетельства расчетливой организации. Лидеры остаются тщательно скрытыми и замаскированными, но их присутствие безошибочно ощущается с самого начала.

Мы еще вернемся к русско-японскому конфликту 1904 года, к тем, кто его организовал, финансировал и к их причинам, а пока, вскользь, процитируем слова редактора газеты *New York Evening Post* от 9 декабря 1924 года:

> Где-то за туманом пропаганды зловещие невидимые руки стремятся разрушить мирные отношения между Россией и Японией. Япония не хочет войны. Америка, конечно, не хочет войны. Почему же тогда вечный крик о том, что Япония - враг, за которым нужно наблюдать, которому нельзя доверять, которого нужно вооружать и с которым в конечном итоге нужно бороться?

Из всех исторических личностей последних трех столетий никто не известен лучше, чем Наполеон. Однако мало что известно о том, как он прошел путь от безвестности до славы.

Как и большинство людей, "усыновленных" Ротшильдами, Наполеон был очень беден, когда Талейран представил его Ротшильдам. У него не было денег, чтобы оплатить счет за стирку, и у него была только одна рубашка. Мундир ему предоставила Жозефина де Богарне, на которой он позже женился после того, как граф Поль де Баррас отверг ее после того, как она стала его любовницей.

В 1786 году Наполеон был вторым лейтенантом, бедным младшим офицером без гроша в кармане, который ходил от двери к двери в поисках работы, чтобы получить дополнительное жалование. Это было время, когда народы Европы устали от теоретического триптиха "Либерте, эгалите и братство". Амшель был разочарован тем, что Вайсхаупт мало продвинулся в борьбе с католической церковью, и искал "новые таланты". Амшель был достаточно впечатлен огнем и пылкостью корсиканца, чтобы дать ему средства на достойную жизнь. Х. Фишер в статье, с которой можно ознакомиться в Британском музее, пишет:

> "В 1790 году Наполеон добился того, что его избрали вторым командиром целого батальона, что считалось в то время недобросовестным способом".

Как он туда попал? Чарльз Макфарлейн в своей книге *"Жизнь Наполеона"* (она когда-то была в Британском музее, где я смог с ней ознакомиться) пролил свет на этот "поразительный взлет к власти".

Огюстен Робеспьер, младший брат ужасного Диктатора, познакомился с Бонапартом во время взятия Тулона в 1798 году. Неоспоримым фактом является то, что между ним и Августином, которому предстояло стать таким же безжалостным, как и его старший брат, установились близкие отношения, имевшие все признаки теплой дружбы.

Согласно автобиографии Вольфа Тоне (Барри, 1893), Робеспьер был иллюминистом.

Христианин по имени, Наполеон вскоре почувствовал ненависть к христианству, пылающую в груди Амшеля, и поэтому он прибегнул к симуляции, чтобы удовлетворить своего нового поставщика денег. Он выступил против католической церкви. Унижение Папы было очень приятной перспективой для Амшеля, и деньги стали поступать в карманы Наполеона во все больших количествах.

Вот как объясняется его "поразительный взлет к власти", его "поразительный успех"! Как говорится в современном языке, писатели и биографы Наполеона просто не шли по денежному следу.

Вайсхаупту не удавалось уничтожить католическую церковь - цель, ради которой он был "создан" Амшелем, - но когда на него обратил внимание Наполеон, вся работа была поручена ему. То, как это должно было быть сделано, было спланировано в масонских ложах Парижа, посещаемых Талейраном, и Франкфурта - Амшелем.

Именно Талейран сказал Наполеону:

> Война - единственный способ уничтожить Церковь.

Уэллс признал это, когда описал корсиканского гения как "жесткого, способного, компетентного, инициативного разрушителя (революции)", но он не упомянул его спонсора, без чьих огромных денег эти черты были бы мало полезны для него.

Как Керенский, Троцкий, Дизраэли, Ллойд Джордж и Бисмарк, Амшель взял Наполеона, когда тот не имел никакого значения, и сделал его самым важным человеком в Европе.

Хотя Уэллс жаловался, что он не продолжил революцию, дело было не в этом. Когда Амшель подавляющим большинством голосов назначил Наполеона пожизненным первым консулом, была подготовлена сцена для того, чтобы поднять занавес над Европой.

Пока он выполнял миссию Амшеля по уничтожению христианских монархий и католической церкви, Наполеон вел очаровательную жизнь, переходя от одного успеха к другому. *Как велик был Наполеон"* - отличная книга Сиднея Дарка, которую я нашел в Британском музее:

> Наполеон, родившийся без каких-либо преимуществ богатства или высокого происхождения, стал хозяином мира в возрасте до 35 лет и завершил свою карьеру беспрецедентной романтической невозможности в возрасте 46 лет.

Это значит полностью забыть о силах, стоявших за Наполеоном, Амшеле и его миллионах, а также о планировщиках в масонских ложах в Париже и Франкфурте. 9 марта 1796 года Наполеон женился на Жозефине де Богарне, креолке с ненасытными сексуальными аппетитами, которая уже заплатила за свой мундир.

Брак был организован Ротшильдами через графа Поля де Барраса, который также назначил Наполеона главнокомандующим армией в Италии.

Жозефина была любовницей Барраса, но, пресытившись ею, он хотел прекратить их отношения. Чтобы она не смогла отомстить ему, граф Баррас устроил так, что она вышла замуж за Наполеона, что вряд ли можно назвать "романтическим" поворотом, который по случаю придают практически все авторы, пишущие о жизни и временах Наполеона.

Жозефина помогала де Баррасу с конфиденциальной информацией, переданной ей мужем, которая, конечно же, шла напрямую к Ротшильдам. К коронации Наполеона в 1804 году Амшель отнесся равнодушно, но он встревожился, когда был приглашен Папа Римский. Ротшильды были встревожены и разгневаны, когда Наполеон развелся с Жозефиной и женился на эрцгерцогине Марии-Луизе в 1810 году. Ротшильды понимали, что возможностей разрушить королевства и сокрушить католическую церковь будет все меньше и меньше.

К 1810 году Наполеон был брошен на произвол судьбы, и Джеймс Ротшильд приступил к выполнению задачи по уничтожению своего бывшего героя.

Полная история постепенного разочарования Наполеона, его пробуждение, когда он обнаружил, что сражается не за Францию, а за иностранную державу, чтобы укрепить свою власть над нацией как необходимое следствие революции, роль иллюминатов и масонов в его невероятном возвышении, все больше и больше злили его.

Его осознание происходило медленно и болезненно, но как только его разум открылся истине, Наполеон начал восставать против своих контролеров. В своей *"Истории Наполеона"* Г. Бюсси утверждает, что Наполеон изменился, утратил свое яростное стремление к войне и объявил:

> "Слава Богу, я в мире со всем миром.

Ротшильды больше не нуждались в своем старом инструменте. Они финансировали и создали фронт под названием "Лига против Наполеона". Наставники, которыми Наполеон начал пренебрегать, теперь обернулись против него. Карл Ротшильд быстро отравил отношения между Папой и Наполеоном, который, не подозревая об этом, приказал арестовать Святого отца генералу Раде. В ответ на это Папа Римский отлучил императора от церкви.

Наполеон пытался завоевать расположение Папы Римского. Он чувствует, как земля уходит у него из-под ног, когда одно событие за другим оборачивается против него. Попытка убийства, предпринятая агентом иллюминатов Стаппсом, пресекается благодаря бдительности генерала Раппа.

Русская кампания была сопряжена с проблемами снабжения и нехваткой продовольствия. Наполеон не понял, что это был преднамеренный саботаж против его армии. Он был вынужден отдать приказ об отступлении из Москвы, во время которого тысячи солдат, умирающих от ран и холода, были безжалостно расстреляны агентами Ротшильда, прибывшими в их тыл.

Потери христианских жизней были ужасны. Неудача завоеваний Папы серьезно обеспокоила Наполеона, доверие к которому ослабевало. Он отметил, что:

> Папу можно было бы завоевать в качестве дополнительного средства для связывания федеративных частей империи. Я должен был проводить свои религиозные сессии так же, как и законодательные. Мои советы должны были представлять христианство, а преемник святого Петра был бы их президентом.

Слишком поздно, поскольку Карл Ротшильд уже позаботился о том, чтобы такой план не удался. Ни один историк не может сказать, почему Наполеон напал на Россию в 1812 году. Существует множество теорий, но ни одна из них не является обоснованной. Александр Ier сказал по этому поводу:

> "Наполеон развязал против меня войну самым одиозным образом и обманул меня самым вероломным образом.

Со своей стороны, Наполеон поручил генералу Гурго :

> Я не хотел вступать в войну с Россией. Бассано и Шампаньи [министры иностранных дел] убедили меня, что нота России была объявлением войны. Я действительно думал, что Россия хочет войны. Каковы были истинные мотивы кампании в России? Я не знаю, возможно, сам император знал не больше, чем я.

Ротшильды погубили Наполеона в битве при Ватерлоо. Его предал маршал Сульт, человек, с которым он дружил, но который был на содержании у Ротшильдов. Наполеон сделал Сульта герцогом Далмации с жалованьем в несколько миллионов франков и назначил его маршалом ложи. При Ватерлоо Сульт не смог взять и удержать Генаппе, важную деревню, которая должна была закрепить фланг наполеоновской армии.

Хуже того, маршал Груши, который должен был привести подкрепление, прибыл на 24 часа позже, хотя он слышал пушки и знал, что битва уже началась. Наполеон горько жаловался на Сульта:

> Сульт, мой второй командир при Ватерлоо, не помог мне настолько, насколько мог бы... Его штаб, несмотря на мои приказы, не был организован. Сульт очень легко падал духом... Сульт был бесполезен. Почему во время битвы он не поддерживал порядок в Генаппе?

Хуже того, утром в день битвы враг из личного штаба корсиканца подсыпал ему в завтрак вещество, от которого у него страшно разболелась голова. Такова сила Ротшильдов и фальсификация истории; если бы не предательство и измена, совершенные против него, Наполеон победил бы Блюхера и Веллингтона. Сульт хорошо служил своим хозяевам; они дали ему несколько самых высоких постов во Франции. То, что он был отцом Бисмарка, часто предполагалось, но никогда не было доказано. Одно время мать Бисмарка была любовницей Сульта, что подтвердил сам Бисмарк:

> Великим меня сделали не мои таланты или способности, а то, что моя мать была любовницей Сульта [одного из 300], и все это мне помогло.

Бисмарк был "изготовлен" Ротшильдами через семью Менкен. Его отец, Вильгельм, женился на Луизе Менкен, которая, по словам графа Череп-Спиридовича, была еврейкой. Маршал Сульт, предавший Наполеона при Ватерлоо, был членом Комитета 300, занимавшего высший пост во Франции до самой своей смерти.

Сульт часто бывал в загородной резиденции Вильгельма Бисмарка и считался отцом молодого Бисмарка. Именно эта "власть" над матерью Бисмарка удерживала юного Бисмарка под контролем Джеймса Ротшильда. В 1833 году Бисмарка постигли тяжелые времена, и ему грозила опасность потерять свое имущество. Через Дизраэли Джеймс Ротшильд подружился с молодым Бисмарком и стремился сделать из него будущего "консервативного" лидера Европы. Оскар Арним, депутат Рейхстага, женился на сестре

Бисмарка Малиане.

После брака Бисмарк полностью перешел под руководство Лайонела Ротшильда. О том, что Бисмарк знал об этом, свидетельствует заявление, сделанное Вальтером Ратенау в 1871 году:

> Тем, кто продолжал считать Бисмарка великим политическим гением, человеком судьбы, отмеченным, подобно Наполеону, печатью трагического предопределения, Бисмарк повторял, что не верит в великих провидцев; что, по его убеждению, политические знаменитости обязаны своей репутацией если не случайности, то, по крайней мере, обстоятельствам, которые они сами не могли предвидеть.

ГЛАВА 8

Бисмарк раскрывает финансовую вершину, господствующую в Европе

Бисмарк, безусловно, знал, что Гражданская война в Америке разжигалась теми, кого он называл "великими финансовыми державами Европы". Это подтверждает замечательный рассказ Конрада Зьема, опубликованный в журнале *La Vieille France*, N 216, в марте 1921 года.

По словам Сиема, Бисмарк говорил с ним в 1876 году о Гражданской войне:

> Решение о разделении Соединенных Штатов на две федерации было принято задолго до Гражданской войны великими финансовыми державами Европы. Эти банкиры боялись, что если Соединенные Штаты останутся единым блоком и единой нацией, то они достигнут экономической и финансовой независимости, что нарушит их господство в мире. Голос Ротшильдов преобладает.
>
> Они видели огромную добычу в замене двух слабых демократий, которые были им подчинены, на энергичную, уверенную и автономную Республику.
>
> Линкольн никогда не подозревал об этих подпольных махинациях. Он был противником рабства и был избран в качестве такового. Но его характер не позволял ему быть однопартийцем. Когда бизнес был в его руках, он понял, что эти зловещие финансисты Европы, Ротшильды, хотят сделать его исполнителем своих замыслов. Они сделали разрыв между Севером и Югом неизбежным! Хозяева финансов в Европе сделали этот разрыв окончательным,

чтобы использовать его в полной мере...

Личность Линкольна удивила их. Они думали, что смогут легко обмануть кандидата-лесоруба. Его кандидатура их не беспокоила. Но Линкольн разгадал их козни и вскоре понял, что не Юг является злейшим врагом, а финансисты. Он не признавался в своих опасениях; он следил за движениями "Скрытой руки". Он не хотел публично обнародовать то, что могло бы смутить невежественные массы.

Он решил устранить международных банкиров, создав систему займов, позволяющую государствам брать кредиты напрямую у народа без посредников.

Он не изучал финансы, но его твердый здравый смысл подсказывал ему, что источник всех богатств лежит в труде и экономике нации. Он выступал против выпуска банкнот Международными финансистами. Он добился от Конгресса права брать в долг у народа, продавая ему облигации штатов.

Местные банки были только рады помочь такой системе, а правительство и народ избежали козней иностранных финансистов. Они сразу же поняли, что Соединенные Штаты вырвутся из их хватки. Смерть Линкольна была раскрыта. Нет ничего проще, чем найти фанатика, решившего нанести удар. Смерть Линкольна - это катастрофа для христианства.

В Соединенных Штатах не было человека, достаточно большого, чтобы носить его сапоги. Международные финансисты снова охотятся за мировыми богатствами. Я боюсь, что благодаря своим банкам, хитрости и коварным уловкам они полностью контролируют огромное богатство Америки и используют его для систематического развращения современной цивилизации. Я боюсь, что они без колебаний ввергнут все христианство в войну и хаос, чтобы земля стала их наследством.

(Я хотел бы повторить, что подготовка этой книги включала в себя десять месяцев интенсивных исследований по этой конкретной теме в Британском музее. Книги, на которые ссылаются источники, такие как *"Беседы с Наполеоном на острове Святой Елены"*, *"Пропаганда в следующей войне"* и работы Джона Ривза, а также многие другие упомянутые книги, могут быть уже недоступны).

Россия вызывала особую ненависть у Ротшильдов, которые настроились против семьи Романовых. Дочь Тизенгауза, выдающегося немецкого историка, писала, что разделяет недоверие своего отца к царю:

> ... Но после знакомства с ним, как и многие другие, она была поражена откровенностью, энергией и благородством характера Александра. Это впечатление переросло в верную и преданную дружбу (Император Александр - госпожа де Шуазель-Гаффресс)

По словам графа Череп-Спиридовича, Натан Ротшильд пытался разжечь революцию в России, но потерпел неудачу, а Лайонел признался Дизраэли, что она готовится в Германии:

> "Лучшие агенты Джеймса Ротшильда III были мобилизованы против царя Николая I, чтобы спровоцировать войну Крыму, но им не удалось победить, и они отравили Николая I в 1855 году". (Документы Британского музея, "Скрытая рука", стр. 119)

В этих судьбоносных событиях Дизраэли сыграл большую роль, либо как "исповедник", либо как советник Ротшильдов. О том, как Ротшильды взяли под контроль Марию Луизу, рассказывает миссис Эдит Э. Кателл в своей книге *"Жертва империи"*: В декабре 1827 года Мария Луиза, вдова Наполеона Ier, получила от Ротшильдов кредит в размере десяти миллионов франков.

22 февраля 1829 года она потеряла своего мужа, графа Нейпперга, что остается загадкой для всех историков.

Принц Меттерних, который был простым "клерком" у Саломона Ротшильда из Вены, сказал Бомбеллесу, другому протеже Ротшильда, что ему нужен человек, который мог бы направлять слабый характер Марии Луизы. Бомбеллес стал доверенным лицом Марии Луизы, а позже женился на ней.

Теперь Ротшильды полностью контролировали вдову

Наполеона через Бомбеля, который завоевал ее сердце, когда она еще была графиней Нипперг.

По словам писателя Эдмона Ростана, Бомбеллес был чрезвычайно красив. Миссис Э.Э. Катвелл описала Бомбеллу следующим образом

> У него еще больше амбиций. Своим мягким голосом он шептал женщинам на ухо. Бомбеллс хотел жениться на мисс Кавано, у которой были деньги. Он достиг своей цели. Его жена умерла, оставив ему свое сердце в свинцовом футляре. Он похоронил его. Через год он воспылал отчаянной страстью к другой богатой наследнице, которая отказала ему. (*Жертва империи*, стр. 321)

После смерти Марии Луиза Бомбеллес была назначена контролером австрийского императора.

> Слухи о том, что она умерла от отравления, циркулировали в Парме и продолжали циркулировать (стр. 373).

Граф Череп-Спиридович рассказывает, что за этим последовало:

> Бомбеллес, поддерживаемый Саломоном и его клерком Меттернихом, был назначен "воспитателем" будущего императора Австрии Франца Иосифа. Бомбеллес был автором, ответственным за самую ужасную австрийскую нелояльность, подлость и жестокость, которая начала поражать мир с 1848 года, когда Франц Иосиф, в возрасте всего восемнадцати лет, стал де-юре императором, а Бомбеллес был "силой за троном", получающей и выполняющей приказы Ротшильда. Первым делом они предали слово Николаю Ier, который поставил условием "непременного условия" помилование венгерского генерала Шезени и его войск. Франц Иосиф задушил их, как только русские войска покинули Австрию. ("*Скрытая рука*", стр. 123)

Ротшильды были не только денежными кредиторами, но и спекулянтами. Наибольший интерес для них представляло строительство железных дорог в Европе и России, которые они захватили и удерживали. В отчете об этих усилиях, содержащемся в документах Британского музея, Джеймс

Ротшильд вынудил Францию согласиться на финансирование своей Северной железной дороги:

> Правительство взяло на себя обязательство потратить 100 миллионов франков на строительство платформы. Джеймс согласился потратить 60 миллионов, предоставив повозки и т.д.

> В течение 40 лет он получал 17 миллионов в год в качестве дохода, то есть 620 миллионов в виде процентов плюс основную сумму в 60 миллионов. В этом предприятии Ротшильды использовали 60 миллионов денег своих вкладчиков, за которые они платили 4% процентов, то есть 2 400 000 в год, получая таким образом 14 600 000 франков в год за своей подписью. В июле 1843 года *газета Journal des Débats*, чтобы обмануть народ, заявила, что Ротшильд разорен. Французская пресса уже играла роль агента-провокатора за пятьдесят лет до Панамского скандала. Ротшильды любой ценой жаждали богатой добычи железных дорог. На какое-то время французское правительство пережило период честности и имело смелость обуздать их хищничество.

> В 1838 году г-н Мартин из Северной железной дороги предложил парламенту сеть железных дорог, которые должны были быть построены государством. Если бы план г-на Мартина, основанный на двух столпах - банковской и транспортной монополии, был одобрен парламентом, финансовый феодализм был бы убит с самого начала. Но Ротшильды через контролируемую ими прессу нашли способ приобрести железные дороги. В 1840 году Западная и Южная линии были переданы Ротшильдам и Фоулдам.

(Фоулды были международными банкирами, стратегически размещенными во Франции для выполнения заказов Ротшильдов). К 1845 году все основные линии принадлежали этим двум компаниям. Одним из самых язвительных журналистов о Ротшильдах был Джон Ривз, написавший книгу "*Ротшильды - финансовые правители наций*". Следующие комментарии из книги показывают, насколько проницательным был Ривз в пробивании завесы тайны, окружавшей Ротшильдов, а его наблюдения за

Натаном Ротшильдом, пожалуй, не имеют себе равных:

> Размер оставленного им состояния всегда оставался тайной. Бизнес должен был управляться четырьмя сыновьями в сотрудничестве с их дядями за границей. Каждой из своих дочерей он оставил по 500 000 долларов, которые должны были быть конфискованы, если они выйдут замуж без согласия матери и братьев.
>
> Не было ни завещаний своим работникам, ни благотворительных завещаний. ...Первый раз Натан помог английскому правительству в 1819 году, когда взял кредит в 60 миллионов долларов. С 1818 по 1832 год Натан выдал восемь кредитов на сумму 105 400 000 долларов США.
>
> С Испанией или южноамериканскими государствами, которые когда-то признавали испанский флаг, она никогда не будет иметь ничего общего. Объяснение некоторых историков заключается в том, что это произошло из-за испанской инквизиции. Одной из причин его успеха была извилистая политика, с помощью которой он обманывал тех, кто за ним наблюдал.
>
> В 1831 году Натан Майер взял под контроль ртутные рудники в Идрии, Австрия, и одновременно аналогичные рудники в Альмадене, Испания. Таким образом, вся ртуть, необходимая как лекарство, оказалась в его руках, и он удвоил и утроил цену. Это имело ужасные последствия для больных и страдающих всех народов...

Другим точным репортером Ротшильдов является г-н Мартин, в книге которого *"Истории банков и банкиров"* приводятся некоторые интересные факты. Натан никогда не платил своим работникам ни копейки больше, чем было необходимо для их жизни, или, по крайней мере, ни копейки больше, чем они заставляли его платить.

Написав о Лайонеле Ротшильде, Ривз сделал следующие комментарии в своей книге, страницы 205-207:

> Лайонел сосредоточил свои мысли исключительно на укреплении своего огромного состояния. Его начинания отличались большой осторожностью. Лайонел был особенно активен в переговорах по иностранным займам,

поскольку это прибыльное и относительно безрисковое занятие он предпочитал всем другим. В течение жизни его компания была заинтересована в выпуске не менее восемнадцати государственных облигаций на общую сумму семьсот миллионов долларов. Вдаваться в подробности этих сделок было бы все равно, что прослеживать финансовую историю Европы.

Чтобы понять, как Ротшильды преуспевали, особенно в их конкретной области знаний, а именно в кредитовании правительств в Европе и по всему миру, я изучил работу Джона Ривза, чью книгу мы часто цитировали и на которую будем ссылаться в оставшейся части этой книги, а также источники, содержащиеся в документах Британского музея.

ГЛАВА 9

Аспект негритянского рабства в Америке, которым пренебрегают

Прежде чем перейти к аспекту успешного денежного кредитования в Америке, практиковавшегося Ротшильдами, я затрону вопрос о рабстве, возникший в последние годы. Некоторые говорят, что потомки чернокожих должны получить компенсацию за лишения, перенесенные их предками.

Это важный вопрос, учитывая, что Ротшильды использовали рабство как предлог для разжигания Гражданской войны в Америке. Считается, что идея возникла у Бенджамина Дизраэли, Лайонела и Джеймса, которые сидели за ужином после свадьбы дочери Лайонела, на которую в Лондон съехались все Ротшильды. По словам графа Череп-Спиридовича:

> ... Ротшильды спланировали и намеренно спровоцировали Гражданскую войну в Америке.

Хотя конфликты между Югом и Севером существовали с 1812 года, война, возможно, никогда бы не состоялась, если бы не скрытая рука Ротшильдов.

Манипулируя и накаляя страсти, конфликт стал поводом для войны, хотя Юг начал понимать, что рабство экономически невыгодно.

Рабство никогда не должно было быть разрешено в Соединенных Штатах, но, к сожалению, оно было разрешено. Существуют различные виды рабства. В Европе бедняки жили в рабстве крайней нищеты и деградации своего положения. В Англии и Ирландии была примерно такая же история . Бедняки жили в ужасных условиях. Их сыновья были призваны на службу в вооруженные силы, и миллионы людей погибли.

Британские генералы, особенно лорд Дуглас Хейг, были печально известны своим безразличием к тяжелым потерям, которые они несли. В Ирландии миллионы людей умерли от голода. Хотя рабство должно было быть повсеместно осуждено, в Америке его все же терпели, но, сравнительно говоря, более бедные классы в Европе, Ирландии и Англии страдали не меньше, чем рабы в Америке.

Иногда спрашивали, готовы ли рабы Америки поменять свое положение с положением рабов Ирландии и Англии. Но скрытая рука квакеров и "аболиционистов" продолжала бить в барабан клеветы против Юга, пока дьяволы, придумавшие весь вопрос о рабстве, чтобы взорвать его, не добились своего.

Черные рабы в Америке, как правило, не подвергались таким ужасающим условиям. Таким образом, рассматривая иногда преувеличенные описания рабства в Америке, написанные, проповедуемые и излагаемые аболиционистами и квакерами, мы должны признать, если мы беспристрастны, что сравнительно говоря, с черными американскими рабами обращались гораздо лучше, чем с бедняками в Европе и Великобритании:

> В начале девятнадцатого[e] века Великобритания, из-за ложных принципов правления, невежественной и слепой культуры торговли и промышленности, имела вид государства, доведенного до самых противоположных и противоречивых крайностей.
>
> Хвастаясь самой свободной конституцией в Европе, Англия в то же время скрывала величайшую тиранию; обладая неограниченным богатством, она оставляла голодать бедное крестьянство Ирландии, а лишения и бедствия среди рабочих классов были настолько велики и неописуемы, что грозили закончиться бунтом и восстанием.

> Тяготы, выпавшие на долю бедных слоев населения, усугублялись позорным состоянием нашей политической системы. Мораль была на низком уровне, коррупция и интриги были в порядке вещей. Мысли всех были обращены к полному забвению страданий других.
>
> Коррупция была настолько распространена, что независимость короны и избирательных округов оказалась под угрозой. (Сэр Уильям Моулсворт)
>
> В 1797 году английские банки оказались в глубоком затруднении, в основном из-за требований правительства, которое ежегодно занимало миллионы на войну и поддержку субсидиями половины континентальных держав. (Джон Ривз, "*Ротшильды*", стр. 162)

Похоже, что даже Ротшильды не могли поверить в свою удачу. Персонаж "Сидония", созданный Дизраэли в его романе "*Конингсби*" и фактически основанный на Натане Ротшильде, сказал:

> Может ли быть что-то более абсурдным, чем то, что нация рассчитывает на отдельного человека для поддержания своего кредита, а вместе с ним и своего существования как империи? (Страница 248)

Это предложение очень точно описывает банкиров Ротшильдов и их влияние на британское правительство посредством крупных займов.

Неудивительно, что президент Гарфилд однажды сказал: Тот, кто контролирует деньги, контролирует эту нацию. Потомство Ротшильдов продолжило эту традицию. Например, Лайонел Ротшильд финансировал проект британского правительства по строительству Суэцкого канала. Более чем вероятно, что без финансовой поддержки Лайонела Суэцкий канал, возможно, не был бы прорыт.

Именно Лайонел Ротшильд заплатил 20 миллионов долларов, которые британское правительство заплатило за землю, купленную у хедива. Но, как и во всех своих предприятиях, Лайонел требовал и получал высокую прибыль - 500 000 фунтов стерлингов за несколько рекламных акций, которые заняли всего несколько часов его времени.

Гораздо раньше Майер Амшель посчитал, что для Ротшильдов будет выгодно отправить своего сына Натана в Англию, где он поселился в Манчестере. По словам сэра Томаса Бакстона, причина, по которой Амшель решил отправить Натана жить в Манчестер, уже была частично объяснена в этой книге.

В 1789 году многие английские производители послали во Франкфурт своего человека, чтобы предложить свои товары. Хитрость Ротшильдов заключалась в том, чтобы удержать его надолго, а затем дать ему самый большой заказ для Германии.

Тем временем Натана отправили в Манчестер, где он закупил весь имеющийся в наличии хлопок и красители. Когда представитель вернулся в Манчестер с заказами, производители были вынуждены обратиться за этими материалами к Натану, а он выставил им тройную цену и даже отказался продавать товар, заставив их выплатить огромные "убытки" его отцу. Затем он отвозил хлопок и красители производителям, которые изготавливали их для него по самой низкой цене. Этот элементарный трюк погубил многих людей в Манчестере.

Этот грабеж возмутил весь Манчестер. Натан, испугавшись, бежал в Лондон, где Лондонская фондовая биржа предлагала более широкое поле для его эксплуататорских способностей. В последующие годы никто из членов биржи не мог похвастаться, как Натан, тем, что за пять лет приумножил свой капитал на 2 500" (Джон Ривз, *Ротшильды*, стр. 167).

Еще одна причина, по которой Натан внезапно отправился в Лондон, указана в документах, хранящихся в Британском музее:

> Причина также в том, что Вильгельм IX Гессен-Кассельский (1785-1821) был убежден Амшелем передать

свои дела в Лондоне из банка ван Ноттена в руки Натана. Конечно, "случайно" целая банда иллюминатов из Франкфурта сопровождала Натана в Лондон, чтобы попытаться сделать то же самое, но британцы были слишком умны, чтобы их можно было одурачить.

Когда Франция вторглась в Германию, Вильгельм IX [ныне курфюрст] дал Амшелю 3 000 000 долларов, которые тот отправил Натану в Лондон, чтобы они не попали в руки Наполеона. В то время у Индийской компании было 4 миллиона долларов в золоте. Натан купил его и поднял цену. Он взял золото в Лондоне. Эта договоренность сохранилась и по сей день, Н.М. Ротшильд ежедневно утром устанавливает цену на золото, и "фиксинг" Ротшильда принимается как "официальная" цена золота во всем мире.[2]

Он [Натан] знал, что герцогу Веллингтону это было необходимо. Натан также купил ноты герцога с большой скидкой. Правительство попросило Натана одолжить им свое золото, и он перевел его в Португалию. Натан одолжил свое золото, и оно было ему возвращено, но он потребовал вернуть банкноты герцога по их полной стоимости. Это принесло ему 50%. Затем он снова одолжил свое золото под 15%, получил его обратно и перевез в Португалию за огромную комиссию.

Герцог нуждался в этом золоте, чтобы заплатить экипировщикам своей армии, которые все были португальскими, испанскими и голландскими евреями. Таким образом, Веллингтон не получил ни одного фунта золота, только приказы агентам Натана в Португалии, которым платил Ротшильд во Франкфурте. Эта операция принесла Натану 100% дохода. Таким образом, Ротшильды получили колоссальную прибыль от денег ландграфа, оставив все себе (Мария О'Грейди и Джон Ривз).

---

[2] Ротшильды отказались от участия в ежедневном фиксинге с 2004 года.

Как я уже говорил, потомки Майера Амшеля стали самыми влиятельными людьми в мире. Пример, возможно, как никакой другой, подтверждающий истинность этого наблюдения, - это история о том, как Джеймс Ротшильд победил Николая Ier России. Он обратился к русскому революционеру Герцену:

> Известный писатель Александр Герцен, один из пионеров (разжигателей) российского революционного движения, был вынужден покинуть страну. (На самом деле, он был вынужден бежать из России всего за несколько часов до появления полиции). Он приехал в Лондон, где основал русскую газету под названием "*Колокол*". Однако Герцен был богатым человеком, который перед тем, как отправиться в изгнание, конвертировал свои активы в государственные облигации. Российское правительство знало номера облигаций Герцена, и когда они были предъявлены к оплате по прибытии изгнанника в Лондон, Николай Ier, надеясь разбить своего врага, приказал правительственному банку в Санкт-Петербурге отказать в выплате.
>
> Банк, естественно, подчинился. Но, к счастью для Герцена, он нашел важного сторонника в лице старшего Ротшильда. Последний сообщил царю, что, поскольку облигации Герцена были так же хороши, как и любые другие российские облигации, он был вынужден с неохотой заключить, что российское правительство неплатежеспособно.
>
> Если бы облигации не были оплачены немедленно, он объявил бы царя банкротом на всех европейских денежных рынках. Николас был побежден. Он положил свою гордость в карман и оплатил облигации. Герцен сам рассказывает эту историю в *"Колоколе"* под заголовком "Король Ротшильд и император Николай Ier ". (*The Fortnightly Review*, автор д-р А.С. Раппапорт, стр. 655).

Эти истории показывают, как легенда о том, что Амшель Ротшильд заработал свои деньги в качестве ломбарда, рушится перед лицом реальности, однако миф о том, что ломбард был источником богатства Ротшильда, продолжает существовать. Сейчас можно утверждать, что это утверждение практически не имеет под собой оснований.

Обращаясь к Лайонелу под вымышленным именем "Сидония", Дизраэли дал много подсказок об истинной личности своего хозяина:

> "Проникнуть в него было невозможно. Его откровенность была строго ограничена поверхностью. Он наблюдал за всем, хотя и слишком настороженно, но избегал серьезных дискуссий. Он был человеком без привязанностей".

По словам Джона Ривза:

> ... Братья Ротшильды, полностью осознавая его превосходные интеллектуальные способности, с готовностью признали Натана Майера наиболее подходящим для руководства всеми их важными сделками. (*Ротшильды*, стр. 64)

Среди множества интересных фактов, которые я обнаружил в Британском музее в Лондоне, одним из самых интересных является история основателей того, что должно было стать одной из величайших пропагандистских машин, которые когда-либо знал мир. Я говорю о Тавистокском институте человеческих отношений, который стал ведущим мозговым центром по промыванию мозгов правящей элиты Великобритании. Тавистокский институт вырос в огромную организацию, которая сейчас доминирует в США и Великобритании. Эта огромная организация начала свою деятельность в 1914 году в Веллингтон Хаус, Лондон, в начале Первой мировой войны.

Организация пропагандистской машины, которая убедила бы неохотно идущий британский народ в том, что война с Германией необходима для выживания британского образа жизни, была непростой задачей, поскольку в то время большинство людей не хотели войны с Германией и были категорически против нее. Лорд Норткллифф и лорд Ротмир отвечали за пропагандистское предприятие. Фактически, оба мужчины были напрямую связаны с Ротшильдами по браку.

Одной из трех дочерей Натана Ротшильда II была Шарлотта, родившаяся в 1807 году, которая вышла замуж за своего кузена Ансельма Саломона, сына Саломона, второго ребенка Амшеля и Каролины Штерн из франкфуртской семьи Штернов. Стерны были в прямом родстве с английскими Хармсвортами, один из которых стал "лордом Нортклиффом", а другой - "лордом Ротмиром".

Более подробную информацию о Тавистокском институте читайте в статье: *Тавистокский институт человеческих отношений*.

Якоб (Джеймс) Ротшильд, несомненно, был самым важным человеком во Франции, благодаря которому многие французские политики и лидеры получили возможность войти в дом. Он прошел долгий путь от тринадцатилетнего мальчика, который почти не ходил в школу, вместо этого сопровождая своего отца Майера Амшеля в многочисленных поездках по Германии.

Там он познакомился с ограничениями, наложенными на евреев, путешествующих через границы княжеств, и был вынужден каждый раз платить Liebzoll, налог на голову. Джеймс всегда хотел уехать из Франкфурта и последовать за своим братом Натаном в Лондон, но вместо этого Амшель отправил его в Париж. В марте 1811 года он отправился из Франкфурта в Париж. Его прибытие в Париж не осталось незамеченным министром финансов Мольеном, который доложил о нем Наполеону:

> Человек из Франкфурта, который сейчас находится в Париже и называет себя Ротшильд (sic), в основном занимается доставкой гиней с английского побережья в Дюнкерк.

Франсуа-Николас граф Мольен был главным советником Наполеона и занимал пост министра финансов с 1806 по 1814 год.

Прибытие Джеймса должно было стать значительным событием для Наполеона, который не мог знать, какую важную роль Джеймс Ротшильд сыграет в его падении. Конечно, Ротшильды занимались не только контрабандой, хотя это был широко распространенный и прибыльный бизнес для них. Когда англичане блокировали Францию, Майер Амшель увидел редкую возможность сделать состояние, и он сделал это на золоте.

> В свои двадцать два года Джеймс был непривлекательным молодым человеком с почти подневольными манерами. Некоторые из его современников были не столь приветливы. Кастеллан, который вместе с Мирабо и Клеман-Тоннерром составлял высшую аристократию Парижа, находил Якова ужасно уродливым, даже если он был Адонисом Ротшильдов. (*Барон Джеймс*, Анка Мультштейн, стр. 61)

Другие были еще более суровыми:

> Чудовищное лицо, самое плоское, самое приплюснутое, самое страшное из батрачьих лиц с налитыми кровью глазами, опухшими веками и слюнявым ртом, раздвоенным, как копилка, этакий золотой сатрап, - это Ротшильд. (Гонкуры, Парижский *журнал* 1854 г. том Ill, 7)

Джеймс отправился в Париж в 1814 году, когда он обратился в Коммерческий суд для регистрации своего банковского дома.

Ранее он выступал только в качестве представителя франкфуртской "штаб-квартиры". Это не изменило прочную связь между ним, Лондоном и Франкфуртом, но скорее формализовало ее и придало ему более заметный статус в Париже. Сейчас он занимается сбором налогов для французского казначейства и крупномасштабным денежным кредитованием.

Когда судьба короля изменилась, а также в период Реставрации (100 дней Наполеона), независимо от того, кто стоял у руля дел, все были обязаны Джеймсу Ротшильду.

Казалось, он мог менять стороны, не теряя ни унции лица или влияния.

Гибель Наполеона при Ватерлоо, организованная его братом Натаном из Лондона, привела к весьма выгодным отношениям с королем Людовиком, возвращение которого к власти стало возможным благодаря тому, что Ротшильды предоставили необходимый капитал. Ослабление Наполеона и его правительства было делом рук Ротшильдов, которые теперь извлекали выгоду из щедрот, принесенных Реставрацией.

Едва скрываемая неприязнь Наполеона к евреям способствовала его падению. Ротшильды жили в страхе перед Наполеоном после того, как он отказался нападать на христианских королей и народы. После восстановления мира банковское кредитование стало самой большой и лучшей возможностью для получения денег, и Ротшильды использовали ее в полной мере.

ГЛАВА 10

Натан Ротшильд балансирует французский долг

Французское правительство должно было выплатить военные репарации, и для этого ему пришлось занять деньги. Одолжив Людовику XVIII деньги, необходимые для триумфального, но достойного возвращения, Натан Ротшильд обеспечил Джеймсу "место под солнцем". Сумма денег, по слухам, составляет 5 миллионов франков.

Верный учению старого Майера Амшеля, Натан ничего не делал без чего-то. Его план игры с займом заключался в том, чтобы заставить короля открыть Жаку двери в высшие эшелоны общества, возглавляемые герцогом Ришелье, премьер-министром Парижа.

Сначала Ришелье сопротивлялся, но он и не подозревал о настойчивости Натана. На него оказывали сильное давление маркиз Осмонд, посол Франции в Лондоне, и граф Эстерхази, посол Австрии, оба из которых были в большом долгу перед Натаном. В конце концов, хотя де Ришелье был крайне раздражен этим неприличным давлением, он согласился принять Якова. На этом все не остановилось.

Затем Джеймс положил в карман начальника полиции Деказа "специальную информацию", которая поступила от немецкой семьи фон Турн и Таксис, владевшей почтовым контрактом. Они просто вскрывали интересующую Ротшильдов почту, а затем передавали ее содержание Джеймсу в Париж, Натану в Лондон или Майеру во

Франкфурт. Интересно отметить, что семья фон Турн и Таксис входила в Комитет 300. Было двойное преимущество в том, что полученная таким образом информация была передана Деказу, а не де Ришелье, к которому она должна была попасть. В свою очередь, Деказ информировал Джеймса о любых антиеврейских движениях или политических интригах, направленных против его банка.

По мере расширения круга важных людей Жак решил, что ему нужен дом, более соответствующий его статусу, в котором он мог бы развлекаться в том пышном стиле, которого от него ожидали. Он нашел такой дом в бывшем особняке королевы Гортензии на улице Ла Фитт, который принадлежал парижскому банкиру по фамилии Лаборд, жертве гильотины в 1794 году. Гортензия, дочь императрицы Жозефины, стала королевой Голландии, выйдя замуж за брата Наполеона Луи.

Перестройка и ремонт дома обошлись Джеймсу в целое состояние; по некоторым подсчетам, счета составили более трех миллионов франков. Когда в 1834 году строительство было завершено, о нем заговорили все жители города.

Генрих Гейне, немецкий еврейский философ-коммунист, герцог Орлеанский и принц Леопольд Кобургский были частыми гостями на блестящих вечеринках Джеймса.

Когда князь Меттерних и его свита, включая блестящего пруссака Фридриха фон Гентца, пользовавшегося доверием великого человека, приехали в Париж, Яков устроил вечеринку, не уступавшую ни одной из тех, что были в Париже после возвращения короля. Даже могущественный герцог Веллингтон не посмел отказаться от приглашения Джеймса, когда тот посетил Париж.

Джеймс покровительствовал фон Гентцу и играл на его слабости к женщинам, многим женщинам, обеспечивая фон Гентца деньгами, в которых он нуждался, на "легких условиях", как мы говорим сегодня. Фон Генц получил всех женщин, с которыми мог справиться, а также множество других предметов роскоши, которые он не мог себе позволить до этого. Так Джеймс стал "владельцем" фон Гентца.

> Дворец Якова стал магнитом для всевозможных политиков, особенно широких взглядов коммунистов и социалистов . Один из них, Людвиг Борне, является убежденным сторонником идеи, что все короли Европы должны быть свергнуты и заменены Яковом, за исключением Луи Филиппа, который будет коронован в Париже, так что церемонию коронации будет проводить не Папа, а Яков Ротшильд. (*Нотр-Дам-де-ла-Бурс*, 22 января 1832 года).
>
> Как упоминалось ранее, одним из спонсоров Джеймса Ротшильда был Генрих Гейне, немецкий поэт, который покинул свою родину и переехал в Париж, то ли чтобы быть рядом с Ротшильдом, то ли по политическим причинам, точно не известно. Гейне был заклятым коммунистом и, скорее всего, находился в списке диверсантов немецкой полиции, что могло быть одной из причин его переезда в Париж. Ротшильд помогал Гейне бесчисленными способами, не в последнюю очередь финансово. Гейне воспринимал Джеймса как революционера и хвалил его за то, что он "одним из первых осознал ценность Кремье...". Герр фон Ротшильд был единственным человеком, открывшим Эмиля Перейра, понтифика железных дорог (Оливия Мария О'Грейди)

Это не совсем так, как я обнаружил, когда изучил угол прибыли, который заставил Джеймса инвестировать в новую моду. Перейра был молодым сефардским евреем, нанятым Джеймсом для надзора за повседневными строительными работами. При всем этом Джеймс и Натан не отступали от хитростей, которым их научил Майер Амшель, а именно: никогда не терять из виду цель, что деньги - это все.

Один конкретный контракт, один из многих, которые были предложены Джеймсу и Натану, заключался в том, чтобы в качестве официальных агентов осуществлять платежи австрийским войскам, расквартированным в Кольмаре в Эльзасе. Ротшильды выиграли контракт, занизив цены всех конкурентов . Этот бизнес был рискованным, поскольку предполагал перевозку монет через районы, кишащие бандитами, что требовало дорогостоящей страховки. Вместо того чтобы перевозить физическую валюту, Джеймс организовал размещение кредитов Ротшильдов в местных банках, и солдаты расплачивались ими. Исключив риск, Джеймс и Натан смогли получить значительные комиссионные.

Это стало основой для нового бизнеса: перевод средств через континент и в Лондон теперь осуществлялся таким образом, и Ротшильды имели на это монополию.

Чтобы дать читателям представление об огромной власти, которой обладал Джеймс, я привожу следующий случай, который стал одним из его знаменитых дел и показал, как далеко могла зайти его сильная рука. Некий священник, отец Томас, и его слуга исчезли в Дамаске в апреле 1840 года. Убийство было заподозрено, и подозреваемые, которые оказались евреями, были арестованы, после чего они признались в убийстве.

> Еврейский мир немедленно и горячо запротестовал против того, что арестованные евреи были невиновны и что их признания были получены под пытками. Яков и Соломон немедленно оказали совместное давление на монарха, и Соломон призвал австрийского принца Меттерниха к действию.
>
> Австрийский консул фон Лаурин выразил протест Мухаммеду Али, доложив о принятых мерах непосредственно Джеймсу и Саломону. Однако французский консул в Дамаске, находясь на месте событий, совершенно иначе отнесся к убийству и обвиняемому; политический подтекст был очевиден, и Луи Филипп не решился рисковать неоправданной поддержкой евреев против христиан. Послание Иакова к Соломону имеет большое значение. Она ясно раскрывает закулисные методы, используемые Ротшильдами для давления на правительства и формирования общественного мнения:
>
> К сожалению, мои усилия пока не принесли желаемых результатов. Правительство действует очень медленно в этом вопросе; несмотря на похвальные действия

австрийского консула, потому что вопрос слишком отдален, чтобы общественный интерес был достаточно возбужден. Все, что мне удалось сделать до сих пор, это, как говорится в сегодняшнем *Moniteur*, договориться с вице-консулом Александрии о расследовании поведения консула Дамаска.

Это лишь временная мера, так как вице-консул подчиняется приказам консула, поэтому у него нет полномочий привлекать консула к ответственности. В таких обстоятельствах единственным средством остается всемогущий метод обращения к газетам за помощью, и поэтому мы сегодня послали подробный отчет, основанный на отчетах австрийского консула, в *"Дебаты"* и другие газеты, и мы также договорились, чтобы этот отчет появился с такими же подробностями в *"Альгемене Цайтунг"* в Аугсбурге.

Мы непременно опубликовали бы письма, которые герр фон Лаурин адресовал мне по этому вопросу, если бы не считали, что это можно сделать только с предварительного разрешения Его Высочества князя фон Меттерниха.

Поэтому, мой дорогой брат, будучи убежденным в том, что вы охотно сделаете все возможное для этого справедливого дела, я прошу вас просить князя по своей доброте разрешить публикацию этих писем. Милостивые чувства гуманности, которые принц выразил в связи с этим печальным эпизодом , позволяют нам с уверенностью надеяться, что эта просьба не будет отклонена.

Когда Вы получите желаемое разрешение, я прошу Вас, мой дорогой Соломон, не публиковать письма сразу же только в *"Osterreicher Beobachter"*, но также быть настолько любезным, чтобы немедленно отправить их с коротким сопроводительным письмом в *Augsburger Zeitung"*, чтобы они могли дойти до публики и этим путем. (*Нерассказанная история*, граф Череп-Спиридович)

Некоторые из важных государственных деятелей, находившихся под контролем Ротшильдов, начали беспокоиться об их власти и влиянии.

Одним из них был князь Меттерних, который находился под жестким контролем Саломона Ротшильда и рассматривался им не более чем "камердинер" семьи Ротшильдов. Выменяв большую часть суверенитета Австрии, Меттерних начал испытывать серьезные сомнения:

> В силу естественных причин, которые я не могу рассматривать как хорошие или моральные, Дом Ротшильдов оказывает гораздо большее влияние на французские дела, чем Министерство иностранных дел любой страны, за исключением, возможно, Англии. Главной движущей силой являются их деньги. Люди, которые надеются на филантропию и которые должны подавлять всякую критику под тяжестью золота, нуждаются в большом его количестве. С фактом коррупции борются открыто, это практический элемент, в полном смысле слова, современной представительной системы.

Меттерних слишком поздно понял, что, продав Австрию, он играет на руку международным революционерам, и когда революционный пожар разгорелся, несмотря на свой высокий ранг и положение, князь Меттерних был вынужден бежать из Вены на деньги, занятые у Саломона Ротшильда.

Историки сомневаются, что Меттерних когда-либо имел представление о революционных силах, которые он невольно помог развязать. Согласно документам, хранящимся в Британском музее, мировая революция пришла в движение в 1848 году, начавшись на Сицилии в январе того же года.

> Великие города Европы, казалось, сотрясались от волнений. Беспорядки распространились на Неаполь. В Париже на баррикадах был развернут красный флаг. 22 февраля 1848 года социалисты-революционеры подняли рабочих и студентов на кровавое восстание, и Гизо ушел в отставку (Оливия Мария О'Грейди)

Говорят, что Джеймс Ротшильд переоценил короля Луи Филиппа, думая, что тот сочувствует революционным идеям.

По словам профессора Уильяма Лангера, профессора истории Кулиджа в Гарвардском университете... республиканцы и другие радикалы приняли Луи Филиппа как революционного монарха, но слишком поздно обнаружили свою ошибку.

Это удивительно, ведь Джеймс Ротшильд, как говорят, был очень проницательным судьей, способным читать политическую сцену, как дорожную карту. Мы не можем сказать наверняка, но маршал Сульт, близкий друг Натана Ротшильда, формировал министерство вместе с герцогом де Брольи, Тьером и Гизо, причем последние два человека были особенно консервативными в политике, так что связь может быть.

В 1830 году в Италии и Польше возникли требования рабочих, вдохновленные Марксом и его Социалистическим Интернационалом, которые не были удовлетворены правительствами этих стран. Радикальная агитация и насилие продолжались во Франции в 1831 году:

> В ноябре 1831 года масштабное восстание рабочих в Лионе было подавлено с трудом. Тайные общества быстро распространялись. В условиях свободы печати король подвергался беспощадным нападкам и карикатурам в радикальных газетах, в частности, со стороны Оноре Дюмье. В 1834 году в Париже и Лионе произошли крупные восстания, которые были подавлены с особой жестокостью. В 1845 году радикал Фиески попытался совершить покушение на Луи Филиппа, но попытка оказалась неудачной. Впоследствии, в 1836 году, король создал правительство во главе со своим личным другом, полковником Луи Молем, с правоцентристским лидером Гизо, но последний вступил в союз с левоцентристской партией и сверг Моля. (*Нерассказанная история*, Джон Ривз)

Продолжение "*Нерассказанной истории*":

> Революционная деятельность до 1848 года отправила таких людей, как Карл Маркс и Фридрих Энгельс, Луи Наполеон Бонапарт в изгнание на континент. Англия была их убежищем. В 1848 году они вернулись на континент, чтобы принять участие в революциях. 24 февраля 1848 года Хартии, Конституции и парламентскому режиму, казалось, пришел конец.

> Во всем Париже я не видел ни одного члена ополчения, ни одного солдата, ни одного жандарма, ни одного сотрудника полиции. Тем временем, ужас охватил все высшие классы. Я не верю, что во время революции (1789-94) она была столь велика. (Виктор Гюго, *Choses vues*, стр. 268)

Джеймс остался на несколько дней и был замечен Фейдо, одним из членов Национальной гвардии:

> Ближе к полудню я увидел двух джентльменов, которые, держась за руки, спокойно вышли с улицы Мира и направились к Тюильри. В одном из них я узнал барона де Ротшильда. Я быстро подошел к нему. "Месье ле Барон, - сказал я, - кажется, вы выбрали не самый удачный день для прогулки. Я думаю, вам лучше пойти домой, чем подвергать себя риску пуль, свистящих во всех направлениях."
>
> Но барон уверяет его, что он в безопасности и что он нужен в Министерстве финансов. Луи Наполеону предстояло стать сначала президентом Франции, а затем императором; Маркс и Энгельс помогли основать Коммунистическую лигу, затем, после провала революций, они вернулись в Англию, а другие, включая Джозефа Ведермайера, эмигрировали в США... (Оливия Мария О'Грейди)

После битвы при Седане и пленения Наполеона III пруссаками (сентябрь 1870 года) Париж, считая себя сердцем, мозгом и другими органами французской нации, а остальную Францию - отсталым, примитивным, можно даже сказать варварским придатком, пережил серию революций (во имя Франции), кульминацией которых стала Парижская коммуна 1871 года, которая лишь оставила нацию распростертой перед врагом и подвергла ее презрению. Цитата из профессора Лангера:

> В период с 1840 по 1847 год Гизо стал доминирующей фигурой. Гизо стал премьер-министром в 1847 году и оставался у власти до 1848 года, когда ушел в отставку. Уличные волнения привели к Февральской революции.

Продолжение рассказа о событиях 1848 года, основанного на бумагах и документах Британского музея и *L'Alliance France-Allemande* и *Les Forces titaniques*, *The Rothschilds*

Джона Ривза и рассказах Оливии Марии О'Грейди:

> В Париже на баррикадах был вывешен красный флаг. 22 февраля 1848 года марксистские революционеры подняли рабочих и студентов на кровавое восстание, и Гизо ушел в отставку. Войска нападали на революционеров на баррикадах, приводя население в бешенство. 24-го числа Национальная гвардия и линейные полки попали в руки повстанцев. Луи Филипп в возрасте семидесяти четырех лет бежал из страны.
>
> Маркс и Энгельс готовы взять на себя личное руководство революцией... Маркс наделяется всеми революционными полномочиями..... Ламартин и Араго просят еврейского банкира Михаэля Гудшо принять портфель революционных финансов. Банкир соглашается. Коссидьер, префект баррикад, просит Джеймса Ротшильда о займе, чтобы заплатить своим помощникам-революционерам. Джеймс с радостью подчиняется (стр. 218-219).

После описания того, как Маркс и Энгельс взяли на себя руководство различными революционными фракциями и организацию восстания в Германии, О'Грейди пишет:

> В начале апреля Маркс и Энгельс выехали из Парижа в Германию, где их опередило пламя революции. Священный союз распался в дыму и пламени Вены, а князь Меттерних бежал из города на деньги, взятые в долг у Соломона Ротшильда (стр. 219).
>
> Джеймс Ротшильд дал Ледрю-Роллену семьсот пятьдесят тысяч франков на поддержку революции 1848 года. Говорят, что его заставила сделать это угроза Роллина сжечь дворец Ротшильдов на улице Лафит. В ходе трехдневных уличных боев в июне 1848 года Луи Эжен Кавальньяк вышел победителем. Он немедленно взял на себя диктаторские полномочия и был назначен Национальным собранием председателем Совета министров. Свободно используя крупные суммы денег, Ротшильд сблизился с новой властью во Франции и чувствовал себя с Кавальньяком так же комфортно, как и с Луи Филиппом. Вскоре о нем заговорили как о таком же хорошем республиканце, каким он был монархистом.

Французская рабочая партия объявила его своим. Редактор радикальной газеты "*Tocsin des Travailleurs*" писал:

> Вы вундеркинд, сэр! Несмотря на свое законное большинство, Луи-Филипп пал, Гизо исчез, конституционная монархия и парламентские методы вышли из окна; но вы, вы не двигаетесь. Где Арагон и Ламартин? Им пришел конец, но вы выжили. Князья-банкиры находятся в стадии ликвидации, их офисы закрыты.
>
> Великие капитаны промышленности и железнодорожные компании терпят крах... Вы - единственный среди этих руин, кто не пострадал.
>
> Хотя ваш дом ощутил первый удар насилия в Париже, хотя последствия революции преследовали вас от Неаполя до Вены и Берлина, вы оставались невозмутимыми перед движением, которое затронуло всю Европу. Богатство исчезает, слава унижена, господство сломлено, но еврей, монарх нашего времени, сохранил свой трон.

Парижская коммуна была первым коммунистическим правительством в Европе. О Ротшильдах, пишет О'Грейди:

> Их сказочный контроль над неограниченным количеством денег разрушил все барьеры для Ротшильдов. Ослепительный блеск огромного богатства повсеместно повышал их социальный престиж. Сильные мира сего, великие короли, принцы и знаменитости добивались их расположения.
>
> Они строили дворцы и развлекали "добрых людей" с королевским великолепием, которое ставило в небытие государственные дела монархов. Мир был у их ног, и дело евреев в Европе процветало. Позже мы увидим, насколько сказочными были их судьбы.

ГЛАВА 11

Франция пережила натиск коммунистов

После этого знаменательного события я изучил статьи о Франции в последующие годы, чтобы узнать, продолжается ли эта нить, и обнаружил, что да, продолжается. После успеха Парижской коммуны коммунисты повторили попытку в 1871 году после подписания временного Версальского мира с Бисмарком. В сентябре 1870 года крах Наполеона III под Седаном стал ударом, который Французская империя не пережила.

4 сентября бунтовщики вновь попытались захватить Париж, как они это сделали ранее, когда Джеймс Ротшильд частично финансировал революцию, но 19 сентября немецкие войска, разбившие французов при Седане, ворвались в Париж и взяли город.

Коммунисты были не в состоянии поддерживать свое наступление, и у Парижа оставалось продовольствия всего на восемь дней. 28 января 1871 года Париж капитулирует перед немецкой армией. Французские войска разоружены, форты вновь взяты. Бисмарк санкционирует выборы и требует выплаты Германии компенсации в размере пяти миллиардов франков. С марта по май 1871 года марксистская коммунистическая Национальная гвардия, которую Бисмарк не разоружил, захватила 417 пушек и убила генералов Лекомта и Томаса.

Интернационал играл ведущую роль в Национальной гвардии через Лоэба, Коэна, Лазаруса, Леви и, конечно,

Карла Маркса.³ Регулярные войска были вынуждены отступить и оставить Париж в руках марксистского Социалистического Интернационала. При поддержке немецкой армии французские войска атаковали парижские баррикады и сломили власть коммунистов. Но тем временем, прежде чем штурм регулярных французских и немецких войск сломил мощь толпы, возглавляемой мятежной Национальной гвардией, коммунисты осуществили страшную расправу. Шестьдесят семь невинных заложников были убиты в форте де Венсенн.

Архиепископ Дарбойский был застрелен как собака, как и несколько его священников. Известные граждане также подвергались массовым расстрелам. Это произошло уже тогда, когда в город вошли войска Третьей республики.

20 мая 1871 года коммунисты облили бензином все осажденные ими районы Парижа и подожгли все общественные здания и большую часть частной собственности, включая дома. Тюильри, Министерство финансов, Пале-Рояль, Министерство юстиции, Отель-де-Виль и штаб-квартира полиции были подожжены и сгорели дотла.

> Чудесным образом роскошный дом Ротшильдов и его бесценные активы остались нетронутыми. Как всегда, дом Ротшильдов вышел из опасностей войны 1870-1871 годов и Парижской коммуны финансово невредимым и остался бесспорным хозяином Европы. В очередной раз Ротшильды показали, что они способны отказаться от верности монархии и с такой же преданностью отдать ее Третьей республике.

Альфонс Ротшильд, конечно же, удалился в Версаль и снял номер в Hotel des Réservoirs, где он пережил бои, грабежи и

---

³ Все евреи, конечно, НДЕ.

террор революции.

Цитируемые части взяты из работы Оливии Марии О'Грейди, работы профессора Лангера и *"Нерассказанной тайны"* Джона Ривза.

Следует отметить, что если наиболее радикально настроенные участники беспорядков остались убивать своих несчастных жертв, то их лидеры покинули город и уехали в Англию, Швейцарию и Латинскую Америку. Парижская Коммуна, пройдя свой путь, рухнула в неистовстве жажды крови. Не вызывает сомнений, что огромная сумма денег, необходимая для управления Коммуной (она просуществовала всего два месяца), должна была поступить от Ротшильдов.

> Лидеры Коммуны потратили 42 миллиона франков, огромную сумму для того времени. Даже при самом плодовитом расточительстве трудно понять, как можно было потратить треть этой суммы. Это означает, что около 25 миллионов франков исчезли в каком-то направлении, вероятно, в Швейцарии, и, возможно, в багаже директора Банка Франции, или, скорее, его заместителя, маркиза де Поле, который сопровождал Беслея в Швейцарию, когда последний получил разрешение покинуть страну после подавления Коммуны. (*The Untold History*, John Reeves) Общее мнение того времени заключалось в том, что Беслей, который был назначен в Банк Франции Парижской коммуной (другими словами, косвенно Ротшильдами), спас для них деньги, и что Ротшильды организовали конспиративные перевозки.

В любом случае, Парижская Коммуна принесла позор и бесчестье французскому народу и ввергла социалистическое движение в состояние упадка. Интересно отметить, что предварительный Версальский мирный договор был частично согласован Альфонсо Ротшильдом, сыном Джеймса Ротшильда. Альфонсо завершил финансовые переговоры с Бисмарком и согласился на выплату пяти миллиардов франков, необходимых для репараций.

Эдуард Ротшильд был сыном Альфонсо Ротшильда,

старшего сына Джеймса Ротшильда, который умер 26 мая 1905 года, но влияние линии наследования на дела Франции продолжалось. Позже мы увидим, какую роль сыграли Эдвард Ротшильд и лорд Ротшильд в "Декларации Бальфура", приведшей к созданию сионистского государства в Палестине, в котором, кстати, Дизраэли играл ведущую роль для своих хозяев, Ротшильдов. За кулисами всегда есть люди, о чем знает любой вдумчивый студент, изучающий мировую историю.

Какую роль сыграл Дизраэли в создании "родины" для евреев? В своей книге *"Танкред"* Дизраэли говорит о том.

> "те дни политической справедливости, когда Иерусалим принадлежал евреям".

Из Иерусалима он писал:

> "Я увидел перед собой прекрасный на вид город".

и на протяжении всех своих романов, *Алрой, Контари* и *Флеминг*, он писал о своей любви к Иерусалиму, подчеркивая, что это еврейское владение. В Хьюхендоне, своем загородном доме, Дизраэли рассказал Стэнли о своем

> "планы возвращения Палестины евреям и реколонизации ее евреями".

Какую роль сыграл Карл Маркс в коммунистическом восстании в Париже в 1871 году? Согласно документам Британского музея, подтвержденным двумя другими источниками:

> Маркс ликовал, и хотя его слава чудовища, развязавшего парижских головорезов, распространилась повсюду, перед членами Интернационала в Лондоне он расхаживал как павлин. Он начал восхвалять "бессмертных героев баррикад".
>
> Когда Парижская коммуна взяла управление революцией в свои руки, когда простые рабочие впервые осмелились посягнуть на привилегированное правительство своих культурных начальников, старый мир забился в конвульсиях ярости при виде красного флага, символа

рабочей республики, развевающегося над парижской мэрией.

Одна из вещей, которые мы узнали из Парижской коммуны, заключается в том, что она разочаровала большинство французского народа, но лидеры, ускользнувшие в Англию и Швейцарию с помощью масонов и иллюминатов, рассматривали ее как веху в подъеме международного социализма в Германии, Испании, России и Италии. Карл Маркс в Лондоне стал центром международного марксизма, но рядом с ним были Энгельс и Ротшильды.

В *"Нерассказанной истории"* нам рассказывают, что Ротшильды были агентами масонов во Франкфурте, хозяином которого был ландграф Гессена и финансы которого Ротшильды контролировали. На этом этапе стоит сделать несколько замечаний о Бисмарке, поскольку он сыграл важную роль в определении судьбы не только Германии, но и всей Европы.

Как пишет автор Джон Ривз в своей книге *"Ротшильды"*, Бисмарк считался простым камердинером Ротшильдов и был наполовину евреем.

Документы Британского музея свидетельствуют о том, что родным отцом Бисмарка был маршал Сульт, человек, фактически ответственный за "Ватерлоо" Наполеона[er]:

> "Разве это не доказывает, что маршал Сульт был ее настоящим отцом, а не тихим маленьким прусским помещиком, официальным отцом Бисмарка?".
>
> После того как Ротшильды сокрушили Наполеона, им нужен был новый правитель, и они создали его в лице Отто Бисмарка. Его отец, Уильям, женился на Луизе Менкен [Менкены были евреями] - женщине среднего класса неизвестного происхождения. Он отвез ее в свой загородный дом, в который вскоре вторглись французские войска Наполеона, а в соседнем замке маршал Сульт устроил свой штаб.
>
> Луи был в непосредственной опасности нарушения, шампанское Сульта, его азиатская сила убеждения

> соблазнили сердце Луи больше, чем пиво и тяжелый ум ее немецкого мужа. С тех пор Сульт проявлял чрезвычайную заботу о госпоже Бисмарк-Менкен и ее сыне, будущем "человеке крови и железа". Сульт занимал самые высокие должности во Франции и предавал всех христианских правителей до самой смерти. Шесть лет, которые Бисмарк провел в институте Пальма в Берлине, оставили у него только сожалеющие воспоминания. (Череп-Спиридович, стр. 108 - *Скрытая рука, приписываемая Ж. Хоше*)

На самом деле Луиза Бисмарк-Менкен не была неизвестного происхождения. Я проследил ее родословную до Хаима Соломона, который, как говорят, отдал все свое состояние генералу Джорджу Вашингтону, чтобы начать Американскую революцию. Газета New York *Jewish Tribune* от 9 января 1925 года также подтвердила, что Луиза Менкен была потомком Хаима Соломона.

Некоторые ученые и историки решительно оспаривают, что деньги, которые Соломон дал Вашингтону, были его собственными, но что они поступили от Ротшильдов, а Соломон был их простым посредником.

Они указывают на тот факт, что, несмотря на то, что Хаим отдал все свои деньги Вашингтону, он продолжал жить в роскоши. История о том, как Бисмарк был кооптирован Ротшильдами, может быть восстановлена из писем лорда Биконсфилда от декабря 1812 года и *Конингсби*:

> Лайонел Ротшильд часто возил Дизраэли в Париж, где его познакомили с Джеймсом Ротшильдом III. Их посетил граф Арним, прусский министр. Через Лайонела Дизраэли стал его другом. Сульт был министром во французском кабинете министров и много говорил, возможно, о своем сыне или о сыне своей любовницы, бывшей Менкен-Бисмарк. Таким образом, Ротшильды решили захватить нуждающегося молодого Бисмарка, который был по крайней мере наполовину евреем и который уже в 1839 году вынужден бороться с катастрофой, угрожающей его собственности. Но Ротшильды, Сульт и Амим уже наблюдали за ним, и все пытались использовать его. Уже в 1839 году в Ахене Бисмарк показал себя бунтарем, как и Дизраэли в своем

стихотворении "Благословение кинжалу цареубийцы". '

Но Джеймс потребовал от Бисмарка и Дизраэли продемонстрировать "архиконсерватизм", который необходимо было победить, чтобы пробраться в высшее общество и получить власть. В результате Дизраэли и Бисмарк отказались от гимнов "кинжалам цареубийства" и стали ультраконсерваторами. Обоим было приказано стать "очень мирскими". Амим, прусский министр и член Рейхстага, женился на любимой сестре Бисмарка Мальвине в 1844 году, и, по словам Дизраэли, Бисмарк полностью попал под влияние Ротшильдов, Амима и его сестры.

Косвенно мы узнаем о заявлении Вальтера Ратенау о том, что 300 человек управляют миром (см. *"Иерархия заговорщиков: Комитет 300"*). Сорока годами ранее Бисмарк заявил, что согласен с заявлением Ратенау: Дизраэли повторил его, заявив, что

> "Миром управляют совсем другие персонажи, чем представляют себе те, кто не стоит за кулисами.

За сорок лет до декларации Ратенау Бисмарк выразил свое согласие с Ратенау и Дизраэли (из документов *Конингсби* и Череп-Спиридовича и Британского музея)

Считавшийся реакционером, Бисмарк в 1847 году попытался умиротворить консерваторов имитацией насилия против либералов, следуя примеру Дизраэли, и тем самым завоевал расположение короля Пруссии. С большими усилиями и плутовством контролерам Бисмарка удалось добиться его женитьбы на Иоганне Путткамер в 1847 году.

Путткамер была замечательной женщиной, чья способность успокаивать свой ужасный нрав (вероятно, унаследованный от Сульта), поскольку ее официальный отец был спокойным человеком, никогда не склонным к вспышкам гнева, спасла ее карьеру, которая в противном случае закончилась бы внезапно. Когда в 1849 году список новых членов кабинета министров был предложен Фридриху Вильгельму IV, он провел жирную черту над именем Бисмарка и написал:

> Рыжеволосый реакционер. Он любит запах крови.

В 1849 году Бисмарк был избран во Вторую прусскую палату при помощи Арнима и Ротшильда, а в 1851 году он присутствовал на заседании Сейма во Франкфурте-на-Майне в качестве депутата.

Граф Арним также стоял за Бисмарка и сыграл свою роль в рекомендации его Отто фон Мантёффелю, прусскому министру. Что касается фон Мантейфеля, профессор Лангер обсуждает исторический контекст его значимости:

> 16 мая 1850 года ряд малых государств и Австрия собрались во Франкфурте и воссоздали старый Сейм Германской конфедерации. Если Пруссия настаивала на этом союзе, война с Австрией казалась неизбежной. Когда в результате обращения возникает спор... обе державы мобилизуются, и война кажется неизбежной.
>
> Российский царь Николай, раздраженный псевдолиберализмом прусского лидера, встал на сторону Австрии, а Фридрих Вильгельм, который с самого начала не хотел вступать в войну, решил поспешно отступить. Он послал своего нового министра Отто фон Мантёффеля на переговоры... (Профессор Лангер, стр. 726-727).
>
> Когда Бисмарк был уже стар, его глаза не утратили своей удивительной силы. Он испытывал естественное презрение ко всему слабому, сентиментальному, и среди объектов его презрения были многие христианские добродетели (профессор Ф.М. Боуик, *Бисмарк и Германская империя*, стр. 5).

В "*La Revue des Deux Mondes*", опубликованном в 1880 году, том. 26, стр. 203 у Вальберта, мы читаем следующее:

> Евреи были единственными, кто мог использовать Бисмарка таким образом, что все либеральные реформы в Германии после Садовы (где пруссаки были разбиты австрийцами в 1866 году), введенные Бисмарком, служили евреям...

Как мы уже показали, Ротшильды особенно интересовались политикой всех государств, в которых они были созданы. Например, на Венском конгрессе Ротшильды стремились доминировать. Мы узнаем об этом от Марии Оливии

О'Грейди:

> ... Евреи послали своих представителей на Венский конгресс, где они пытались повлиять на официальных делегатов с помощью взяток и подарков. Старший Ротшильд, как известно, опасался, что особая еврейская привилегия, которую он приобрел у Карла фон Дальберга, князя-примаса Рейнской конфедерации, будет утрачена, если она не будет включена в новые конституции, которые будут разработаны конгрессом.
>
> Якоб Барух (отец Людвига Бурна), Г. Г. Уффенхайм и Й. Й. Гумпрехт, специальные эмиссары Ротшильда, были бы прогнаны из города венской полицией, если бы не вмешался Меттерних.
>
> Еврейские представители, разумеется, не имели официальной позиции в Конгрессе. Наиболее важное еврейское влияние на членов Конгресса оказывали еврейские женщины, которые открывали свои салоны для пышных развлечений ведущих государственных деятелей и лидеров, посещавших заседания Конгресса.
>
> Наиболее известными из них были баронесса Фанни фон Аренштейн, мадам фон Эскелес, Рахиль Левин фон Варахаген, мадам Леопольд Герц и герцогиня Мендельсон фон Шлегель. Лучшее, что евреи смогли получить на Венском конгрессе, - это ряд проектов предложений, которые неизменно предлагали полные права гражданства евреям, "принявшим на себя все обязанности граждан". Это положение не отвечало всем особым запросам и требованиям еврейской "нации", которая фактически хотела получить все права гражданства без обычных обязательств. (*Венский конгресс*, стр. 345, 346)

Автор Анка Мульштейн в книге "*Baron James, The Rise of the French Rothschilds*" дает иную интерпретацию событий Венского конгресса и их влияния на Франкфурт:

> Не успели французские войска отойти, как немецкие власти занялись неотложной проблемой - поставить евреев на место. Во Франкфурте законно приобретенные и дорого оплаченные права теперь были отменены. И снова к евреям относились как к нежелательным пришельцам.

Осознавая, что их честь, свобода, а иногда и жизнь находятся под угрозой, евреи обратились к великим державам, которые регулярно встречались на Венском конгрессе . Но какими бы вескими ни были их аргументы, они оказались тщетными. Поэтому у евреев в Германии не было иного выбора, кроме как прибегнуть, как и в прошлом, к тайным средствам и найти или купить защиту.

Соломон возглавил еврейскую кампанию, и неожиданно вырос кошелек Гентца, советника Меттерниха. Результатом стало приостановление действия австрийских указов о высылке и декларации Меттерниха и Харденберга, коллеги австрийского канцлера в Пруссии (*Барон Джеймс, Возвышение французских Ротшильдов*, Анка Мульштейн, стр. 68).

По словам Мульштейна, евреи подвергались нападениям во Франкфурте и жестоким преследованиям. Саломон Ротшильд решил переехать в Вену, но Амшель остался во Франкфурте, и после напоминания правительству о том, как сильно оно нуждается в кредитах Ротшильдов, насилие против евреев стало ослабевать.

ГЛАВА 12

Саломон Ротшильд демонстрирует свою финансовую мощь

В Вене Соломону не разрешили купить дом, поэтому он снял для себя целый роскошный отель, а затем отказал королю Вюртемберга в квартире, которую занимал много лет.

Соломону был предоставлен дипломатический иммунитет и присвоен титул "барон". Затем Меттерних назначил Якова и Натана консулами - "немыслимая честь для еврея", как отметил Соломон:

> Джеймс не стал подавать повторную апелляцию. Очевидная власть и защита Меттерниха ослабили его беспокойство. Благодаря канцлеру Ротшильды получат дипломатический иммунитет.
>
> Даровав им полезный и лестный титул, он теперь должен был сделать гораздо больше. Натан и Джеймс, ценой многих искусно оформленных займов, задумали назначить себя консулами, чтобы представлять Австрию в Лондоне и Париже. Еврей входит в дипломатический корпус! Это было немыслимо. Однако, несмотря на огромность предложения, Меттерних согласился.
>
> Только недальновидные люди могли бы заподозрить связь между выгодными личными займами Ротшильдов канцлеру. Все судебные конторы ведут к новому бизнесу, особенно когда речь идет об Австрии. Если Джеймс будет назначен в Париж, он сможет, с Божьей помощью, взять на себя все вопросы, связанные с ликвидацией долга Франции перед Австрией, поскольку консул будет уполномочен

> лично общаться с королем. (*Souvenirs* Auguste de Fremilly, page 232, 1908)
>
> Пытаясь создать модель влиятельных евреев, пытающихся использовать свое влияние на международных конвенциях, Аахенская конференция 1818 года также столкнулась с незваными еврейскими представителями. Льюис Вэй, английский священнослужитель, выступил в качестве представителя евреев и представил Конференции петицию, выступающую за эмансипацию евреев в Европе. Еврейское влияние на Парижских конгрессах 1856 и 1858 годов очевидно в материалах обоих заседаний. Не похоже, что евреям было позволено быть официально представленными на обеих конференциях. (Оливия Мария О'Грейди)

Это не понравилось Ротшильдам, которые затем требовали все больше и больше от тех, кого они держали у власти. Получив титулы баронов и консулов, они теперь хотели получить более заметные знаки своей власти.

Их "любовь к наградам" была, мягко говоря, неумеренной. Фон Гентцу было приказано обнародовать факт награждения медалями и лентами:

> "Саломон фон Ротшильд и его брат в Париже получили орден Святого Владимира в знак признания займов, заключенных для России".

Фон Гентц написал в ряд крупных немецких газет. Будет хорошо, если вы опубликуете эту новость. Пусть это будет Владимир, а не святой Владимир. В письме к графу фон Нейпбергу в 1830 году Меттерних в частном порядке критиковал тщеславие Ротшильдов:

> Ротшильды не отказались бы от Сен-Жорж. Какое тщеславие! Несмотря на свои миллионы и щедрую лояльность, Ротшильды обладают поразительной тягой к почестям и отличиям. (документы Британского музея)

Христианский религиозный характер наград делал еще более необычным тот факт, что Ротшильды смогли их получить, и подчеркивал власть, которой они обладали над Меттернихом и Бисмарком, тем более что Меттерних, как известно, начал возражать против просьб Ротшильдов на том основании, что как нехристиане они не имеют права получать определенные награды, но это не остановило поток просьб об особых почестях. В 1867 году старший сын Джеймса Альфонс написал своим кузенам в Лондон:

> Самым заметным результатом визита Бисмарка (в Лондон) стала раздача наград. Мой отец получил Большую ленту Красного Орла - высшую и самую выдающуюся награду. Ни один еврей в Пруссии не получил его. (*Золото и железо*, Фриц Штерн, стр. 1150)

Продолжая работу О'Грейди, ее тему неофициального, но влиятельного представительства на всемирных конвенциях, где евреи не имели никакого статуса, она рассказывает об американских усилиях от их имени:

> Под влиянием американских евреев США представили свое требование "полных и равных прав" на Бухарестской мирной конференции в 1913 году, хотя США не были официально представлены на конференции.

В октябре 1913 года Англо-еврейская ассоциация направила совместный мемориал сэру Эдварду Грею, призывая обеспечить новые гарантии для евреев, указывая на то, что Румыния неоднократно игнорировала и отвергала подобные заверения.

> Элиху Рут, государственный секретарь США, по просьбе президента Теодора Рузвельта дал твердые инструкции послу Уайту, который представлял США на Алжирской конференции 1906 года, приказав ему призвать конференцию рассмотреть вопрос о гарантиях религиозной и расовой терпимости в Марокко.
>
> Действия мирового еврейства на мирной конференции нигде не показаны лучше, чем в положениях, навязанных Польше Версальским договором. Безжалостный завоеватель не мог быть более суровым. Польские представители подписали 28 июня 1919 года Договор о меньшинствах, обязывающий Польшу к разделению суверенитета и созданию высшего, привилегированного класса граждан. (Оливия Мария О'Грейди, стр. 344-347)

История неоднократно показывала, что у среднего человека в большинстве стран практически не остается времени на что-либо, кроме как зарабатывать на жизнь, воспитывать семью и работать на работе, которая позволяет ему или ей достичь этих целей, не оставляя времени на политику, экономические вопросы или другие жизненно важные вопросы, такие как война и мир, которые влияют на его или ее жизнь и нацию.

Тем не менее, казалось, что определенные группы людей не подвержены этим ограничениям, они всегда знали, где и кем будут решаться важные вопросы, и, казалось, имели глобальную сеть, которая держала их в курсе всех политических и экономических событий. Высокоорганизованные и очень громкие, эти группы всегда имели преимущество перед обычными гражданами.

Согласно книге Череп-Спиридовича *"Скрытая рука"* и обширной работе автора Оливии Марии О'Грейди, эти высокоэффективные группы всегда были еврейскими или находились под доминированием и контролем евреев.

Оба автора приводят множество примеров в поддержку своего тезиса, возможно, два самых убедительных из них - Парижская мирная конференция 1919 года и создание государства Израиль. Мы продолжаем рассказ Оливии Марии О'Грейди:

> На заре 1919 года Париж был буквально наводнен евреями со всего мира - богатые евреи, бедные евреи, ортодоксальные евреи, евреи-социалисты, финансисты и революционеры, - которые стекались в столицу Франции и приступали к работе.
>
> Комитет еврейской делегации на мирной конференции был полностью организован 25 марта 1919 года. Кроме того, в состав Комитета были включены делегаты от Всемирной сионистской организации и "Бнай Брит", утверждавшие, что они говорят от имени десяти миллионов евреев.
>
> Вудро Вильсон, Жорж Клемансо и другие международные деятели были всего лишь марионетками в руках этих

международных евреев. Хотя идея мирового супергосударства уже давно была еврейской мечтой, тщеславие Вильсона, что это его собственное творение, было со всех сторон поддержано еврейской делегацией и мировой прессой, которую они контролировали. "Принципы национального самоопределения и однородности не позволяли доводить до крайностей", - с явным удовлетворением пишет один еврейский историк.

Изящество еврейской делегации четко прослеживается в готовом продукте Версаля. Основа для разрушения суверенитета всего христианства была хорошо подготовлена мозгом, стоящим за Комитетом еврейской делегации. Абсолютный суверенитет был урезан. В начале Второй мировой войны "новые и расширенные государства" были вынуждены "принять на себя обязательство включить в договор с главными союзными и ассоциированными державами такие положения, которые указанные державы сочтут необходимыми для защиты тех жителей, которые отличаются от большинства населения по расе, языку или религии".

Среди еврейских делегатов Парижской мирной конференции был Якоб Шифф, который позже стал одним из банкиров Уолл-стрит, финансировавших большевистскую революцию в России. Венцом еврейского триумфа стало положение, согласно которому "права национальных групп" находились под международной гарантией и юрисдикцией Лиги Наций - никто из них не заботился о том, чтобы "сделать мир безопасным для демократии". (Заявление о намерениях Уилсона, Оливия Мария О'Грейди)

Возможно, Вильсон был введен в заблуждение относительно намерений и целей Лиги Наций, но группа широкоглазых сенаторов США смогла разглядеть намерения ее организаторов. Они увидели в Лиге Наций именно то, чем она была: попытку уничтожить суверенитет США, Конституцию США и Билль о правах, и отвергли ее как таковую, когда договор был представлен на ратификацию в Сенат США.

Лидерами оппозиции в Сенате были сенаторы Хирам

Джонсон и Уильям Э. Бора, чей патриотизм не знал границ. Бора, чей патриотизм не знал границ. Договор был отвергнут 11 ноября 1919 года.

Премьер-министр Великобритании Ллойд Джордж также видел опасность ограничений, наложенных на страны Версальским договором. В 1919 году он изложил свои опасения на бумаге во время перерыва в заседаниях конференции:

> Когда нации истощены войнами, в которых они потратили все свои силы и которые оставили их усталыми, обескровленными и разбитыми, не трудно установить мир, который может продлиться до тех пор, пока не уйдет поколение, испытавшее ужасы войны... Поэтому относительно легко собрать воедино части мира, который может продлиться тридцать лет. Но что трудно, так это установить мир, который не спровоцирует новую борьбу, когда уйдут из жизни те, кто испытал войну на практике...
>
> Вы можете лишить Германию ее колоний, сократить ее вооружение до простой полицейской силы, а ее флот - до флота державы пятого класса; но в конце концов, если она почувствует, что с ней несправедливо обошлись в мире 1919 года, она найдет средства добиться возмездия от своих завоевателей.
>
> Навязанное, глубокое впечатление, произведенное на человеческое сердце четырьмя годами необъяснимой бойни, исчезнет вместе с сердцами, на которых заклеймил страшный меч Великой войны. Поддержание мира будет зависеть от того, не будет ли причин для раздражения, которое постоянно будоражит дух патриотизма, справедливости, честной игры... Хотя Ллойд Джордж предпринял доблестные усилия, чтобы добиться справедливости по отношению к Германии, он потерпел неудачу, но не из-за того, что не пытался, а из-за непримиримых сил интернационализма, которые восстали против него, характеризуясь злобным и жестоким поведением, позицией и требованиями француза Жоржа Клемансо.
>
> Почти пророческие слова, написанные им в Фонтенбло в

марте 1919 года, показывают, что Ллойд Джордж был прозорлив. Ллойд Джордж потерпел поражение от революционных сил, которые набирали силу с 18 века. Хорошо организованные и финансируемые, они были практически неудержимы. В определенном смысле Ллойд Джорджу мешало присутствие его контролера. Сэр Филипп, A.G.D. Сассун, Барт, связанный браком и кровным родством с Ротшильдами. Будучи членом британского Тайного совета, Сассун мог участвовать в тайных обсуждениях конферансье.

Объясняя политику Франции в Версале и ее последствия, журнал TIME от 17 мая 1940 года, в редком отступлении от цензуры Ротшильдов, также подтвердил это:

> В важнейшем министерстве внутренних дел премьер-министр Рейно назначил энергичного 54-летнего Жоржа Манделя, который до этого был министром по делам колоний. Это была не новая должность для маленького, тонкогубого Клемансо, который, будучи начальником штаба "Тигра" во время последней войны, управлял внутренними делами страны и поддерживал моральный дух гражданского населения.
>
> Манделя, урожденного Иеровоама Ротшильда, часто называют французским Дизраэли; суперполитик в стране политиков, он недавно продемонстрировал в Министерстве колоний (и почты), что не утратил динамизма и административного чутья, которые сделали его таким незаменимым для Клемансо...

Из моих исследований в Британском музее становится ясно, что успех Парижской мирной конференции и последующего Версальского договора зависел от всеобщего признания Лиги Наций - первой организованной попытки создания единого мирового правительства, которое узурпировало бы суверенитет всех наций и отдало Палестину сионистам.

Это мнение подтверждается словами Вильсона, сказанными им по прибытии в Париж в январе 1919 года:

> В центре внимания нашей встречи - Лига Наций.

Как известно, Уилсон был тщательно обучен и

проинструктирован Мандел Хаузом, слугой Ротшильдов, и он знал, что должен подчиняться приказам. Исследуя бумаги Ллойд Джорджа в Британском музее, мне стало ясно, что премьер-министр Великобритании боролся с Вильсоном, но безрезультатно. Несмотря на энергичные протесты Ллойд Джорджа, Вильсон настоял на том, что первым пунктом повестки дня должно быть предложение о создании Лиги Наций.

Я много месяцев изучал Лигу Наций в Британском музее и обнаружил, что Вильсон отправился в Париж, вооружившись инструкциями, полученными косвенно от лорда Ротшильда через Мандельхаус, относительно его повестки дня.

Уилсон обратил на себя внимание Ротшильдов через Мандел Хаус, когда, будучи профессором Принстонского университета, пытался покончить с тем, что он называл "снобизмом", запретив студенческие клубы. Он не добился успеха, но это раннее проявление его социалистических убеждений привлекло внимание Хауса и помогло ему выиграть пост губернатора Нью-Джерси и, в конечном итоге, пост президента США. Председатель Республиканского национального комитета Уилл Хейс сказал об Уилсоне:

> Он хочет беспрепятственно перестроить мир в соответствии со всеми социалистическими доктринами, всеми представлениями о неограниченной государственной собственности, всеми туманными прихотями, которые только могут прийти ему в голову.

Мое исследование президентства Вильсона показывает, что Хейс был на правильном пути, но не имел возможности узнать ничего о том, кто руководил программой Вильсона. В четких инструкциях, которые он постоянно получал из Лондона через Манделл-Хаус, не было ничего расплывчатого. Один из таких наборов инструкций из Лондона касался "Четырнадцати пунктов" Вильсона. На самом деле, Четырнадцать пунктов, которые он должен был представить на Парижской мирной конференции, были составлены Ротшильдами и судьей Брандейсом, который передал их Вильсону с приказом использовать их как свои собственные на конференции под бдительным оком еврея Бернарда Баруха.

Считается, что второй набор инструкций, касающийся Лиги Наций, также был делом рук Вильсона. Его речь в начале Первой мировой войны о том, что Америка сражается с "правящим классом, а не с немецким народом", была чистой риторикой Хауса. Продолжить цитаты Оливии Марии О'Грейди:

> Президент Вильсон, окруженный еврейской финансовой братией, подталкиваемый то тут, то там зловещим полковником Хаусом и консультируемый сионистом Брандейсом, вообразил себя великим "миротворцем" всей истории. Он был историком, который доказал, что ничего не знает об истории.
>
> В руках евреев, которые использовали его в своих целях, он вверг эту страну [Соединенные Штаты] в катастрофическую войну и привел в движение серию событий, направленных на уничтожение Америки.
>
> Польщенный и восхваляемый теми, кто склонял его к своей воле, он вообразил, что играет в Бога, переделывая мир и его обитателей по своему образу и подобию. Приняв присягу защищать и продвигать интересы американского народа, он вдруг поверил, что у него есть мандат на спасение мира.
>
> Он призвал к "миру без победы" и заявил, что ввергает Соединенные Штаты в "войну, чтобы положить конец войне" и "сделать мир безопасным для демократии". С тех пор история неоднократно подчеркивала бесполезность его двойных слов.
>
> Мир и победа наступили 11 ноября 1918 года, и Вильсон поспешил в Париж, где потерял обоих (Оливия Мария О'Грейди)

Возможно, это несколько сурово по отношению к Уилсону, который, в конце концов, был окружен и защищен советниками:

> Теперь мы можем правильно оценить этот преступный и вероломный мирный договор, который привел к настоящей войне (Второй мировой войне).
>
> Не Вильсон предал немецкое правительство, пообещав ему "Четырнадцать пунктов", не Ллойд Джордж солгал арабам, чтобы склонить их к вступлению в войну; это были Иеровоам Ротшильд, сэр Филипп Сассун и Бернард Барух. Вильсон, Ллойд Джордж и Клемансо виновны лишь в той мере, в какой они действовали, повинуясь власти, которой они не смели противостоять. Эти три еврея, представлявшие финансовую мощь семьи Ротшильдов, определили основные положения печально известного мирного договора.
>
> Они создали Международное бюро труда; они организовали Комиссию по репарациям и Брюссельскую финансовую конференцию; они отдали Палестину евреям; они учредили Лигу Наций и Всемирный суд без нашего участия.
>
> Именно наш отказ присоединиться к ним помешал реализации их грандиозной машины мирового правительства (*Rothschild Money Trust*, стр. 67, 68).

Хотя имя полковника Хауса не упоминается в этом отчете, тем не менее, именно Хаус, больше чем Барух, представлял интересы Ротшильдов в США на конференции. Продолжение статьи "*Денежный траст Ротшильда*":

> Эти три еврея несут ответственность за отказ от "Четырнадцати пунктов" президента Вильсона и вопиющие нарушения обещаний, по которым Германия сложила оружие. Если бы обещания президента Вильсона были выполнены, у нас не было бы Второй мировой войны. Возможно, если бы мы присоединились к Лиге Наций, то ее не было бы, потому что мы были бы подданными "короля-деспота", который правил бы нами железной рукой.
>
> Иеровоам Ротшильд (Мандель) был членом кабинета Рейно и вместе с ним подал в отставку и сбежал, когда Франция отказалась от объединения с Британской империей, а вместо этого решила капитулировать. Французский народ, судя по сообщениям прессы, осознает, что теперь он стал

жертвой милитаристов...

Проект Лиги Наций начался не с президента Вильсона. Он не утверждал этого. Его точное происхождение неизвестно, но евреи считают, что это их заслуга. Несомненно, это их детище, поскольку оно имеет все признаки их мастерства... Лондонская *Daily Mail* объявила его "самым изощренным обманом, который когда-либо совершала история".

Под предлогом подготовки мирного договора с Германией эта мирная конференция учредила Палестину в качестве дома для евреев и выдала британскому правительству мандат на управление страной. С тех пор евреи воюют с арабами, и ситуация стала настолько невыносимой, что британское правительство попыталось разделить страну между евреями и арабами и снять с себя ответственность, что не понравилось ни евреям, ни арабам.

Народ Америки не хочет иметь сверхправительство, не хочет, чтобы им управлял Папа Римский или деспот сионской крови. Мы едва избежали этого, когда республиканцы с помощью двенадцати упрямых демократов с очень небольшим перевесом провалили проект Лиги Наций; ведь Лига Наций должна была стать именно этим. (Оливия Мария О'Грейди, стр. 68, 69 и 85)

Подходящую эпитафию (и, возможно, мрачное предупреждение миру) написал О'Грейди:

К концу 1938 года крах Лиги Наций был практически завершен. Из шестидесяти двух государств, которые были членами, осталось только сорок девять. К концу 1940 года она прекратила свое существование.

Он пошел по пути своих предшественников - Священного союза (которого так боялись Ротшильды), Европейского концерта и Постоянной палаты третейского суда.

Он потерпел неудачу, потому что Соединенные Штаты отказались участвовать в нем и потому что человечество еще не сведено к общему знаменателю - посредственности.

Понятия "мать", "дом", "флаг", "небо" и "Бог и страна" все еще были глубоко укоренены в умах и сердцах людей. Потребуется еще одна война, и, возможно, даже еще одна, прежде чем эти "реакционные буржуазные" понятия будут вычеркнуты из мозгов человеческих существ.

Майер Амшель Ротшильд

Дом семьи Ротшильдов на Юденштрассе во Франкфурте, Германия.

Гутте Шнаппер Ротшильд

Джейкоб Джеймс Ротшильд

Лайонел Ротшильд

Самые известные сыновья Ротшильдов, которые контролировали многомиллиардное состояние. Соломон, Натан и Карл Ротшильд

Уэддесдон Мэнор (поместье), загородная резиденция Ротшильдов в Англии

Шато де Ферьер от Якоба Джеймса Ротшильда

Наполеон Бонапарт и Артур Уэлсли (герцог Веллингтон)

Маршал Сульт и генерал Блюхер

ГЛАВА 13

Лига Наций: попытка создания единого мирового правительства

Одним из самых удивительных аспектов Лиги Наций было огромное давление, оказанное на нее с целью ее принятия Соединенными Штатами, и чрезвычайные усилия, приложенные для этого. Вильсон требовал ратификации договора в его нынешнем виде, без обсуждения, без изменений и без модификаций.

Американский народ, оцененный агентами Ротшильдов в Америке как достаточно готовый принять все, что угодно, должен был принять секретные соглашения, заключенные за закрытыми дверями в 1915 году. Это то, что Ротшильды привыкли видеть происходящим. Всегда было так: "Да будет воля наша" или жди больших неприятностей.

22 сентября 1919 года профессор И. Шотвелл, американский фабианист, потребовал, чтобы Сенат ратифицировал договор без промедления, и Чарльз Макпарланд, генеральный секретарь Всемирного совета церквей, поддержал его просьбу!

Я упоминаю об этом, чтобы проиллюстрировать, насколько прочно международный социализм укоренился в США.

Уже тогда решающим элементом был сионизм. Что касается сионистского движения в Америке, то в книге Уолтера Лакера *"История сионизма"* есть интересный рассказ:

> Сионистская организация в Америке появилась только в 1917 году... Но, несмотря на события в Восточной Европе...

влияние движения едва ощутимо в американской жизни. Европа, в конце концов, была далеко, и не было никакого беспокойства о положении американских евреев и его перспективах. Это движение по сути несет в себе характер Ист-Сайда. Ему не хватает денег, престижа и политического влияния. С другой стороны, ее лидерами являются ассимилированные евреи, такие как раввин Стивен Уайз... Прорыв произошел в первые годы войны в Европе, когда Брандейс стал ее лидером. Брандейс был одним из самых уважаемых американских юристов, который впоследствии стал судьей Верховного суда. Его убедил Якоб де Хаас, британский сионист и близкий соратник Герцля, который переехал в Америку в 1901 году.

Брандейс, по словам других сионистских лидеров, не был связан ни с одной из форм еврейской жизни, не был знаком с ее литературой и традициями; он должен был заново открыть для себя еврейский народ. Но как только его воображение захватил сионистский идеал, он посвятил движению большую часть своего времени и энергии, служа его президентом с 1914 года до своего назначения в Верховный суд. Именно идентификация Луиса Брандейса с этим движением, более чем любое другое событие, сделала сионизм политической силой. Быть сионистом вдруг стало респектабельно. (стр. 160,161)

В этой выдержке из книги Лакура есть несколько очень важных утверждений.

1. Сионизм не был заботой подавляющего большинства американских евреев.

2. Подавляющее большинство американских евреев были не очень обеспокоены войной в Европе.

3. Брандейс не был религиозным евреем в общепринятом смысле этого слова.

4. Сионистское движение, до того как к нему присоединился Брандейс, было, по сути, социалистическим движением нерелигиозных евреев-большевиков с Востока, тех самых, которых Троцкий завербовал для своей миссии по свержению христианской России, иными словами, евреев-сионистов.

5. Большинство американских евреев не были заинтересованы в миграции в Израиль, пока Брандейс не обратил на это их внимание. Очевидно, они не считали Палестину "родиной", по крайней мере, в политическом смысле сионистского государства, поскольку их религия учила, что до возвращения Мессии не может быть еврейского государства.

Справедливости ради, не желая зла евреям и будучи строго объективным, я изучил тысячи страниц истории Брандейса, но не нашел никаких свидетельств того, что он заново открыл для себя еврейскую религию. Я не смог найти никаких свидетельств того, что Брандейс стал религиозным евреем. Я обнаружил, что де Хаас обратил Брандейса в активный сионизм, который является политическим, а не религиозным движением, политическим движением, в которое Брандейс был обращен больше, чем Святой Павел в христианство.

Затем Брандейс стал временным президентом Всемирной федерации сионистов - чисто политической, нерелигиозной организации нерелигиозных евреев.

Пожалуй, самым известным историческим событием, в котором Ротшильды участвовали на всех этапах, является "Декларация Бальфура", которую принято считать началом создания государства Израиль на земле Палестины, к чему сионисты стремились на протяжении ста лет. Но к 1914 году они не добились никакого прогресса в достижении своей цели, по крайней мере, прогресса, достойного упоминания. Сионизм был не ближе к своей провозглашенной цели - созданию еврейского государства в Палестине, чем Герцль в 1897 году. Согласно документам Конгресса и Британского музея, а также военным мемуарам Роберта Лансинга, американского посла в Лондоне, и трудам Рэмси Макдональда, Первая мировая война предоставила золотую возможность для осуществления мечты Герцля о создании сионистского государства в Палестине. В 1915 году Лансинг подтолкнул Америку к Первой мировой войне, и Хаус, действуя от имени Ротшильдов, присоединился к нему в лоббировании интересов Вильсона. Давление на Вильсона было огромным, и США вступили в войну в Европе вопреки желанию 87% американского народа.

У историков истеблишмента всегда создавалось впечатление, что подавляющее большинство евреев выступало за создание "родины для евреев" в Палестине. Проведя обширное исследование, я обнаружил, что это было в значительной степени упражнением в пропаганде.

На самом деле, в России и Великобритании существовала значительная оппозиция этой идее со стороны религиозных евреев, которые верили, что такая родина может быть создана только после возвращения их Мессии.

Чтобы смягчить отношение религиозных евреев, 20 мая 1917 года Вейцман выступил в Лондоне с речью, в которой заявил, что ему известно, что британское правительство готово поддержать сионистские планы в отношении Палестины.

Конечно, официально он не был уполномочен делать такие заявления, но, несомненно, зная, что власть и престиж лорда Ротшильда, скорее всего, возобладают, он все равно сделал это. Антисионистская религиозная еврейская оппозиция, возглавляемая Клодом Монтефиоре из знаменитой еврейской династии Монтефиоре, крайне расстроена, особенно после того, как Вейцман назвал религиозных евреев "небольшим меньшинством".

Согласно *"Истории сионизма"*, письмо, подписанное Монтефиоре и Давидом Александером, председателями Британского совета депутатов, было отправлено в газету *"Лондон Таймс"*, которая была опубликована 24 мая 1917 года под заголовком *"Палестина и сионизм, взгляды англо-евреев"*:

> Они вновь выразили свой протест против сионистской теории национальности без определенного места жительства, которая, в случае всеобщего принятия, приведет к уничтожению евреев повсеместно как анахронизма; религия является единственным

определенным критерием. Подписанты также заявили, что будет катастрофой, если еврейские поселенцы в Палестине получат особые права в виде политических привилегий или экономических преференций. Это противоречило принципу равных прав для всех. Это поставит под угрозу евреев везде, где они получили равные права, и вовлечет палестинских евреев в самые жестокие ссоры с соседями других рас. (стр. 193, 194)

Мудрость и прозорливость религиозных евреев-несионистов отразилась в трагических событиях в Палестине, которая и по сей день пребывает в беспорядке. Спустя годы их взгляды были подхвачены религиозной еврейской организацией "Друзья Иерусалима" ("Натурей Карта"). В серии из 12 полностраничных объявлений в газете *"Нью-Йорк Таймс"* они осудили государство Израиль как незаконное государство, созданное в вопиющем неповиновении религиозным евреям и Торе, и как бедствие для ортодоксальных евреев.

ГЛАВА 14

Британское правительство предает арабов, а Лоуренс Аравийский

Благодаря хитрости, включающей предательство Лоуренса Аравийского, секретные соглашения между британцами и французами (договор Сайкса-Пико), правительства двух стран решили разделить арабские земли между собой в конце войны. Кажется ли вам это необычным? Да, это так, и это могло быть сделано только при поддержке Ротшильдов. Одним из таких обманов было письмо сионистского лидера Соколова, который назначил другого сиониста, человека по имени Сачер, подготовить проект, адресованный Бальфуру, согласно которому воссоздание Палестины как еврейского государства было одной из основных целей войны. Соколов сомневался и считал, что это слишком амбициозно:

> "Если мы попросим слишком много, мы ничего не получим", - это мнение, очевидно, разделял лорд Ротшильд. Однако они были встревожены, когда Министерство иностранных дел опубликовало свой собственный проект, в котором использовались такие термины, как "убежище", "приют" и "убежище" для жертв еврейских преследований. Само собой разумеется, этот проект был отвергнут сионистами, которые настаивали на том, что декларация будет бесполезной, если не будет подтвержден принцип признания Палестины в качестве национального дома для еврейского народа. Наконец, 18 июля Ротшильд представил Бальфуру компромиссную формулу. В нем говорилось не о еврейском государстве, а о национальном доме.
>
> (*История сионизма*, стр. 195-196 Sokolow, *Geschite des*

Zionismus, British Museum Papers)

К сожалению, голоса протеста религиозных еврейских лидеров были заглушены политическим сионизмом, который при поддержке Ротшильдов склонил чашу весов в их пользу. Рэмси Макдональд подытожил свои чувства по поводу такого скрытого поведения:

> Мы поощряли арабское восстание в Турции, обещая создать арабское королевство из арабских провинций Османской империи, включая Палестину.
>
> В то же время мы побудили евреев помочь нам, пообещав им, что Палестина будет предоставлена им для поселения и управления; и в то же время мы заключили с Францией соглашение Сайкса-Пико о разделе территории, которое мы поручили нашему генерал-губернатору в Египте пообещать арабам. Эта история - история грубого двуличия, и мы не можем избежать последующего осуждения.

Что именно имел в виду Макдональд, когда сказал: "В то время мы побудили евреев помочь нам, пообещав им, что Палестина будет их. Как евреи должны были помогать во время войны? Предоставляя мужчин из еврейских стран для борьбы с турками, как это делали арабы? Нет, все было совсем не так. Сионисты не предоставили никакой рабочей силы для помощи британцам и арабам в борьбе с турками. Чем помогли сионисты?

Они убедили Конгресс США объявить войну Германии вопреки воле 87% американского народа. Для этого за спиной арабов и других жителей Палестины, чьи предки жили в Палестине на протяжении 7000 лет, британцы при пособничестве США пообещали Палестину сионистам, несмотря на отсутствие международного права, позволяющего им это сделать.

Лишь несколько голосов прозвучало в знак протеста против того, что Арнольд Тойнби назвал "бедствием". Несколько писателей, включая Оливию Марию О'Грейди, присоединились к протесту против плана раздела Сайкс-Пико, который привел к принятию "Декларации Бальфура":

> На протяжении всей войны Великобритания и ее союзники постоянно заявляли, что они борются за свободу всего мира. Какой вид свободы содержится в Декларации Бальфура? По какому праву Британия предлагает распоряжаться землями другого народа? На каком моральном основании один народ может стремиться создать национальный дом для чужого народа на территории другого? Палестина не принадлежала Великобритании.

Арнольд Тойнби был высоко ценимым британским историком и ведущим общественным деятелем, получившим всеобщее признание благодаря своему десятитомному труду *"Исследование истории"*, представляющему собой всестороннее переосмысление развития человечества в свете идеалистической философии истории.

Таким образом, никто не посмеет назвать Макдональда, Тойнби и Лоуренса Аравийского "антиевреем" или "антисемитом" - угроза, которая помешала стольким другим единомышленникам осудить двуличие британского правительства, выраженное в незаконной Декларации Бальфура. Тойнби выразил свой гнев по поводу предательства арабов в отношении Палестины в книге *"Исследование истории"*.

> Хотя прямая ответственность за бедствие, постигшее палестинских арабов в 1948 году, лежала на евреях-сионистах, которые силой оружия захватили Лебенсраум для себя в Палестине в том году, тяжелая косвенная ответственность лежала на жителях Соединенного Королевства, поскольку у сионистов не было бы возможности в 1948 году завоевать арабскую страну, в которой они были незначительным меньшинством в 1918 году, В течение последующих тридцати лет власть Соединенного Королевства не использовалась постоянно, чтобы сделать возможным въезд еврейских иммигрантов в Палестину, против воли, несмотря на протесты и без учета ожиданий арабских жителей страны, которые в 1918 году должны были стать жертвами этой долго продолжавшейся британской политики.

Лоуренс Аравийский (полковник Лоуренс), которого еще меньше можно было обвинить в антиеврейской предвзятости или наклеить ярлык "антисемита", не умолчал о предательстве своих обязательств перед арабами:

> Если мы выиграли войну, то обещания, данные арабам, остались невыполненными. И все же арабское вдохновение было нашим главным инструментом для победы в войне на Востоке. Поэтому я заверил их, что Англия держит свое слово по букве и по духу. С этой уверенностью они совершали свои прекрасные дела; но, конечно, вместо того, чтобы гордиться тем, что мы сделали вместе, я в конечном итоге испытывал горький стыд.

К тому, что Лоуренс выразил как чувство полного предательства, добавились другие голоса, в том числе О'Грейди:

> У полковника Лоуренса были веские причины для стыда. Пока арабы сражались и умирали за Англию, министр иностранных дел Великобритании Артур Бальфур обменивал Палестину на еврейское обещание привлечь Соединенные Штаты к войне на стороне Великобритании. В дополнение к этому предательству, Англия и Франция, по условиям договора Сайкса-Пико, согласились разделить между собой арабские земли по окончании войны.

Я размышлял над заявлением Тойнби несколько месяцев, потому что, учитывая его происхождение и связи, маловероятно, что он стал бы выражать какие-либо критические чувства по отношению к сионистам или своим наставникам, Рокфеллеру и Ротшильду.

Согласно документам в архивах военного министерства (и копиям в Британском музее), Тойнби был протеже лорда Брайса, последователя философских радикалов. Тойнби пошел по стопам Брайса, написав статью для Британской энциклопедии, 9 издание .

Статья называлась *"Немецкий террор во Франции: историческая справка"* и была бессовестным упражнением в антигерманской пропаганде, опубликованной, что примечательно, в Нью-Йорке в 1917 году. Очевидно, что это было побуждение помочь президенту Вильсону в его борьбе за втягивание Америки в войну в Европе. Хотя ни одно из утверждений о немецкой жестокости не было доказано, статья была широко принята за правду.

Именно такое обоснование потребовалось Вильсону от стипендиата Баллиол-колледжа в Оксфорде, чтобы объяснить, почему Америка должна была послать своих сыновей умирать во Францию, "чтобы сделать мир безопасным для демократии".

В следующий раз мы слышим о Тойнби, когда он был назначен членом британской делегации на Парижской мирной конференции - негламурная должность, которую он поставил под угрозу, планируя свое будущее в Королевском институте международных отношений, внешнеполитическом подразделении Комитета 300.

Как таковой, Тойнби должен был быть хорошо знаком с обещаниями, данными шерифу Мекки, Хусейну бин Али и полковнику Лоуренсу, и тем, насколько последующее предательство доверия этих двух людей сделало возможной победу британцев над турками.

Тойнби был автором большой книги, выступавшей за единое авторитарное мировое правительство, экземпляр которой полковник Хаус передал президенту Вильсону и на которой были основаны многие диктаты Вильсона и Королевского института международных отношений. Я обнаружил, что Тойнби финансировался на сумму в четверть миллиона долларов, но нет прямых указаний на то, что он также финансировался Ротшильдами, хотя такая связь могла быть, учитывая, что именно Хаус передал Вильсону инструкции, которым он должен был следовать на конференции Лиги Наций.

Именно здесь кроются семена катастрофы, истоки беспорядков, которые продолжаются в Палестине по сей день, и беспристрастные люди, такие как ортодоксальные евреи "Натурей Карта", знали хорошо скрытую историю о продаже арабов Ротшильдом и Бальфуром, содержащуюся в этом документе. Ортодоксальные евреи "Натурей Карта" не согласны с концепцией "еврейской родины". Это благородное ортодоксальное еврейское движение выступает против сионистского присутствия в Палестине.

Что касается христиан Европы и Америки, то они впали в состояние безразличия к судьбе "других" жителей Палестины. Это не делает им чести и не отражает христианскую этику честной игры, воплощенную в словах Христа:

> Поступай с другими так, как ты хотел бы, чтобы они поступали с тобой".

На протяжении веков философы, историки и ученые задавались вопросом: почему история войн показывает, что их всегда начинает так называемая "элита", лидеры государств? Одна из причин, как заявил Генри Клей, заключается в том, что когда среди населения возникает недовольство, иностранная угроза используется как предлог для подавления этих волнений.

Вторая и, возможно, самая важная причина заключается в том, что все войны имеют экономическую подоплеку. Поскольку контроль над банковской и финансовой сферой находится в руках элиты, известно, что они начинают войны ради экономической выгоды. Например, международные банкиры нажили огромные состояния на Первой мировой войне. Ротшильды получили огромную прибыль от финансирования обеих сторон Гражданской войны в Америке.

Существует также теория Бертрана Рассела о том, что войны уменьшают численность населения. По мнению Комитета 300, в мире слишком много людей, которые истощают природные ресурсы планеты с угрожающей скоростью. Решение, по мнению Рассела, состоит в том, чтобы избавиться от тех, кого он называет "бесполезными едоками", которых следует выбраковывать через регулярные промежутки времени.

Десяти миллионов смертей во время Первой мировой войны было недостаточно, чтобы удовлетворить Рассела, который утверждал, что чума и пандемии должны вводиться через регулярные промежутки времени, чтобы отсеять "бесполезных пожирателей", избежавших войн. Пандемия СПИДа была намеренно введена в надежде, что она исключит миллионы людей из резерва "избыточного населения".

Элита придумала способы уберечь своих членов от чумы, о чем свидетельствует успешная борьба с пандемией "черной смерти" в Средние века. Что касается военной службы такого типа, с которой сталкиваются пехотинцы, элита имеет опыт успешного применения тактики избегания, о чем свидетельствует послужной список президента Дж. W. Буш и вице-президент Ричард Чейни. Это не единичные случаи, их можно в изобилии найти в архивах всех стран.

ГЛАВА 15

Подлый двойной разговор

Уильям Л. Лангер, почетный профессор истории имени Кулиджа Гарвардского университета, резюмировал политическую ситуацию в 1915 году следующим образом:

> "Кампании в Азиатской Турции, 1916-1917 гг... Палестина должна была быть передана под международное управление. 9 мая 1916 года, соглашение Сайкса-Пико между Великобританией и Францией... территории, упомянутые в вышеуказанном соглашении, будут управляться Францией и Великобританией, а остальная часть Аравии будет разделена на французскую и британскую сферы влияния, но организована как арабское государство или федерация государств."

В классическом преуменьшении профессор Лангер затем добавил:

> "Эти соглашения были не совсем совместимы с другими соглашениями с арабскими лидерами, которые действительно были несовместимы друг с другом."

Другими словами, были установлены два разных мандата, предлагающие два набора целей, один из которых был совершенно неизвестен арабам.

Есть ли история подобных действий американского президента, которые когда-либо были одобрены? Позволяла ли Конституция США Вильсону вести свои переговоры, по сути, в частном порядке, с частными лицами, не получившими официальной санкции их правительства? Ответ на эти вопросы должен быть отрицательным.

Последствия для американского правительства и американского народа были значительными и унизительными. Более того, американскому народу никогда не объяснялось, почему Декларация Бальфура была представлена Лайонелу Ротшильду для принятия, ведь он не занимал никакой официальной должности? Только по этой причине Декларация Бальфура была и остается поддельным документом. Очевидно, что уже тогда британское правительство начало вести двойную игру с арабами и их блестящим британским лидером, полковником Томасом Эдвардом Лоуренсом, более известным как "Лоуренс Аравийский".

Затем профессор Лангер возвращается на два года назад, к 31 октября 1914 года, и дает полный отчет о географическом положении арабов и о том, что сделала Великобритания, чтобы попытаться вырвать победу из челюстей поражения в ближневосточной войне:

> "Лорд Китченер (командующий британскими войсками) предложил Хусейну, верховному шерифу Мекки, условную гарантию независимости. Переговоры между шерифом и британским правительством начались в июле 1915 года. 30 января 1916 года британцы приняли условия Хусейна, оставив неопределенным точный статус Багдада и Басры и французской сферы влияния в Сирии."

Следует отметить, что здесь нет упоминания о "еврейской родине" в Палестине только для евреев.

> "5 июня 1916 года начались арабские восстания в Хиджазе, и было совершено нападение на турецкий гарнизон в Медине.
>
> 7 июня Хусейн провозглашает независимость Хиджаза, а турецкий гарнизон Медины сдается.
>
> 29 октября Хусейн провозглашен королем всех арабов. Он призывает арабов начать войну с турками.
>
> 15 декабря британское правительство признало Хусейна королем Хиджаза и всех арабов. Во многом именно для того, чтобы усилить арабское восстание, сэр Арчибальд

Мюррей (командующий в Египте с 19 марта 1916 года) принял решение об осторожном наступлении на Синае и в Палестине. Во всех этих пересмотрах и военных действиях, в переговорах и соглашениях между британским правительством и арабами никогда не упоминалось о "еврейском доме" в Палестине. Можно с уверенностью предположить, что если бы об этом было сказано, арабы отказались бы от этого и никогда не взяли бы Эль-Ариш. Большинство историков согласны с этим существенным моментом.

21 декабря 1916 года британцы взяли Эль-Ариш, построив железную дорогу и трубопровод через пустыню. 17-19 апреля 1917 года британцы были отбиты объединенными силами турок и немцев с большими потерями. 28 июня Мюррея сменил сэр Эдмунд Алленби.

6 июля началось появление впечатляющего героя войны, полковника Томаса Э. Лоуренса, который активизировал арабское движение и взял Акабу, начав тем самым блестящие наступления на турецкие гарнизоны и особенно на охрану железной дороги Хиджаза, самого важного звена турецких коммуникаций. История подтверждает, что все эти боевые действия вдоль железной дороги Хиджаз - Акаба велись исключительно арабскими войсками под командованием Лоуренса. В этих ключевых кампаниях не участвовали британские войска, и нет никаких упоминаний о каком-либо участии еврейских войск. Лангер и другие историки охотно признают, что без помощи арабов британцы не смогли бы вытеснить Турцию из Аравии и Палестины. На самом деле, именно арабы под руководством Лоуренса вытеснили турок из Аравии и Палестины. Совершенно нелогично полагать, что арабы при Лоуренсе и его обещаниях делали это, зная, что "родина для евреев" будет наградой за их борьбу".

Лангер продолжает:

На палестинском фронте новый британский командующий, генерал Эдмунд Алленби, начал свое продвижение в октябре 1917 года... 9 декабря Алленби взял Иерусалим. Наступление британцев задерживалось тем, что Алленби был вынужден отправить крупные контингенты своей армии во Францию, чтобы справиться с кризисом на французском фронте, где британская армия была разбита с большими потерями, и остановить победоносные немецкие наступления. Британская армия приказала вернуть все свои силы, сражавшиеся в Месопотамии и Турции, на немецкий и французский фронты, чтобы помочь остановить продвижение французских и немецких войск в Европу.

Я подозреваю, что в Палестине не осталось британских войск, за исключением нескольких гарнизонов и войск снабжения, подавляющее большинство было отправлено во Францию 18 марта 1918 года. Утверждение Лангера о том, что британским войскам материально помогали арабы, является ложным. Именно арабские войска, которым помогали некоторые британские войска, оставшиеся после того, как основная британская армия была отправлена во Францию, провели большую часть боевых действий. Лангер добавляет, что британские войска положили конец турецкому присутствию в Палестине. Я считаю, что его рассказ откровенно ложный.

Именно арабские войска положили конец турецкому присутствию в Палестине. Во время великих сражений в Палестине не было ни французских, ни британских, ни еврейских войск. Это неоспоримый факт. Тойнби и Лоуренс были в ужасе и выразили возмущение докладом Лангера в лондонской *Таймс*, объявив его ложным. Очевидно, что лишенный своих британских войск, Алленби был вынужден полагаться на арабские силы для продолжения своей кампании против турок, зная, что закаленные в боях арабы вытеснят турок из Палестины в ходе их кампании 8 сентября 1918 года. Лангер заявляет:

> Британцы прорвали турецкие линии у Средиземного моря и начали сокрушать силы противника. Британские войска, которым существенно помогли арабы под командованием Лоуренса, теперь могли продвигаться на север.

Опять же, Лангер старается преуменьшить ключевую роль арабских сил, которые вели большую часть боевых действий. На странице 316 своей книги историк О'Грейди высказывает свое мнение о событиях в Палестине:

С маршем британской армии на Святую землю, еврейские перспективы на Палестину в руках кайзера начали исчезать. Если бы Британия гарантировала евреям всего мира закрепление в Палестине, они бы работали на Британию. Переговоры с британским правительством начались в феврале 1917 года, главным посредником был сэр Марк Сайкс. 2 ноября 1917 года лорд Бальфур изложил результаты секретных переговоров и обширной переписки между частными лицами в Соединенных Штатах в письме Лайонелу Ротшильду, некоронованному королю Израиля.

Это письмо, которое стало известно как Декларация Бальфура, гласит следующее

> Уважаемый лорд Ротшильд, мне очень приятно передать Вам от имени правительства Ее Величества следующее заявление о симпатии к еврейским сионистским устремлениям, которое было представлено и одобрено кабинетом министров.
>
> Правительство Его Величества благосклонно относится к созданию в Палестине национальной родины для еврейского народа и сделает все возможное для содействия достижению этой цели, при ясном понимании того, что не должно быть сделано ничего, что могло бы нанести ущерб гражданским и религиозным правам нееврейских общин в Палестине или правам и политическому статусу, которыми пользуются евреи в любой другой стране. Я буду рад, если вы доведете это заявление до сведения Сионистской федерации.

Евреи пытались заставить языческую общественность поверить, что лорд Бальфур, видя "справедливость" их дела, написал декларацию после "продажи" идеи британскому правительству. Сообщая о публикации письма, сионисты заявили:

> Декларация Бальфура по праву называется "Декларацией Бальфура" не только потому, что именно сэр Артур Бальфур, будучи министром иностранных дел, составил историческое письмо, но и потому, что он, как никто другой из государственных деятелей, несет ответственность за политику, воплощенную в декларации.

Справедливости ради, я искал, но не смог найти упоминания о Лоуренсе Аравийском или шерифе Хусейне, или любом из лидеров народов, живущих в Палестине, с которыми консультировались Бальфур или Сайкс, хотя был проведен тщательный поиск, чтобы выяснить, могло ли это быть записано и ускользнуть от внимания исследователей, но этого не было. Продолжаем с О'Грейди:

> И, конечно, ничто не может быть дальше от истины. Первоначальный проект был написан самими евреями. Кто был судья Брандейс, который написал это? Брандейс был крайне левым социалистом в Демократической партии США, судьей Верховного суда США и членом нескольких сионистских организаций. На протяжении всех переговоров Артура Бальфура и лорда Ротшильда, в которых никогда не участвовали Шериф Хусейн или Лоуренс Аравийский, Брандейс действовал как американский гражданин и никогда не был уполномочен Конгрессом или Госдепартаментом выступать в качестве представителя правительства США.

Историк О'Грейди продолжает, что "президент Вильсон одобрил это". В связи с этим возникают важные вопросы: Когда Вильсон стал участвовать в "дискуссиях" между Брандейсом, Лайонелом Ротшильдом, лордом Бальфуром и Американской сионистской партией, действовал ли он в каком-либо другом качестве, кроме как в качестве президента?

* Если нет, то действовал ли Вильсон официально в качестве президента Соединенных Штатов?

* Одобрил ли Конгресс действия Вильсона и финансировались ли они Конгрессом США?

* Если да, то был ли Вильсон уполномочен резолюцией Конгресса США действовать в любом качестве?

> Президент Уилсон одобрил его, и он был передан на подпись Балфуру. Ни одно событие в истории США не является более унизительным. Нет объяснения, почему Декларация была написана Брандейсом, который не занимал никакой государственной должности, а затем

представлена Лайонелу Ротшильду, который не занимал никакой официальной должности в британском правительстве. (Мария О'Грейди)

О том, как происходила закулисная деятельность, рассказывает доктор Якоб де Хаас в своей биографии судьи Брандейса:

> Значительное количество черновиков [Декларации Бальфура] было подготовлено в Лондоне и передано в США по каналам военного министерства для использования Американским сионистским политическим комитетом. Превосходство американцев в военных советах заставило британцев обратиться к президенту Вильсону за согласием и одобрением формулировок Декларации перед ее публикацией.
>
> Проект, который пересылался из правительства в правительство, был передан на утверждение режиму Брандейса. После необходимого пересмотра президент Вильсон, действуя через полковника Хауса, который полностью сочувствовал сионистским целям, санкционировал передачу британскому правительству версии, которая была опубликована и которую, в свою очередь, одобрили все союзные правительства.
>
> Под "режимом Брандейса" подразумевается Временный сионистский комитет по общим вопросам, председателем которого был Брандейс. Можете ли вы, читатель, представить себе это? Кабельные черновики, Соединенные Штаты, британское военное министерство - все работают на сионистов! Какой огромной силой они обладают!

Опять же, нет никаких упоминаний о каких-либо консультациях с Хусейном, Лоуренсом, арабскими лидерами или народом Палестины, и не похоже, что Конгресс США знал о секретных переговорах между Комитетом Брандейса неамериканского правительства и лордом Ротшильдом, Вильсоном и Бальфуром. Консультации проводились только с сионистами.

> Большинство студентов, изучающих еврейские интриги, подозревают британские и еврейские планы и цели, стоящие за Декларацией Бальфура. Хотя к моменту

обнародования Декларации Соединенные Штаты уже почти семь месяцев находились в состоянии войны, ее значение как фактора, затрагивающего Соединенные Штаты, не осталось незамеченным.

Было достаточно доказательств, чтобы сделать определенные выводы. Однако правительственные переговоры по сделкам такого рода всегда носят секретный характер, и обычно очень трудно получить неопровержимые доказательства в момент заключения сделки.

Когда событие непоправимо и теряется в тумане прошлого, мужчины склонны писать мемуары и хвастаться тайными подвигами, которые когда-то потрясли мир. Так было и в случае с г-ном Ландманом. Он был почетным секретарем Второго объединенного сионистского совета Великобритании, редактором журнала *"Сионист"*, секретарем и юристом Сионистской организации. Позже он был юридическим советником Новой сионистской организации.

Под заголовком "Великобритания, евреи и Палестина", опубликованным в *лондонской "Еврейской хронике"* 7 февраля 1936 года, г-н Ландман пишет, в частности, следующее

> В критические дни войны 1916 года, когда дезертирство русских было неизбежным, а еврейское мнение было в целом антирусским, надеясь, что Германия в случае победы отдаст им Палестину при определенных обстоятельствах, союзники предприняли несколько попыток заставить Америку вступить в войну на их стороне. Эти попытки не увенчались успехом.
>
> Г-н Джордж Пико из французского посольства в Лондоне и Гут из Восточной секции Quai d'Orsay, который в то время находился в тесном контакте с покойным сэром Марком Сайксом из секретариата кабинета министров, воспользовался возможностью убедить представителей британского и французского правительств, что лучший и, возможно, единственный способ побудить американского президента вступить в войну - это заручиться сотрудничеством евреев-сионистов, пообещав им

Палестину.

При этом союзники привлекали и мобилизовывали до сих пор не подозреваемые мощные силы евреев-сионистов в Америке и других странах в пользу союзников на условиях "услуга за услугу". В то время президент Вильсон придавал как можно большее значение мнению судьи Брандейса.

Сэр Марк получил разрешение от Военного кабинета, чтобы позволить г-ну Малкольму обратиться к сионистам на этой основе, ни Марк Сайкс, ни г-н Малкольм не знали, кто такие сионистские лидеры, и именно к г-ну Л. Дж. Гринбергу обратился г-н Малкольм, чтобы узнать, к кому ему следует обратиться... Сионисты выполнили свою роль и помогли привлечь Америку, а Декларация Бальфура от 2 ноября 1917 года была лишь публичным подтверждением устного соглашения 1916 года.

Это устное соглашение было заключено с предварительного согласия и одобрения не только британского, французского, американского и других союзных правительств, но и арабских лидеров. Как уже подробно объяснялось в другом месте, д-р Вейцман и г-н Соколов знали, что г-н Джеймс Малькольм приехал к ним в качестве эмиссара британского военного кабинета, который уполномочил его сказать от их имени, что Англия отдаст Палестину евреям в обмен на сионистскую помощь, через судью Брандейса, чтобы побудить Соединенные Штаты прийти на помощь союзникам. И сэр Марк Сайкс, и г-н Малкольм сообщили арабским представителям в Лондоне и Париже, что без американской помощи перспективы создания арабского государства после войны проблематичны, и что поэтому им придется согласиться с тем, что Палестина будет возвращена евреям в обмен на их помощь в привлечении Соединенных Штатов к вмешательству.

После долгих усердных поисков мне не удалось найти имена "арабских представителей в Париже и Лондоне", якобы проинформированных о заговоре с целью выйти за рамки обещаний, данных Хусейну бин Али, шерифу Мекки и Медины, и полковнику Лоуренсу, и г-н Ландман не называет имен этих таинственных "арабских представителей". В связи с этим возникает вопрос: "Почему бы и нет? "Поскольку он упоминает всех остальных по имени, почему "арабские представители" остаются безымянными?

Совершенно ясно, что ни Лоуренс, ни Хусейн бин Али не были проинформированы о том, что происходит, хотя они рисковали своей жизнью и жизнью своих людей в войне против Турции, и что не было найдено никаких документов, указывающих на то, что эти два человека знали о секретных переговорах с сионистами и что их просили послать своих представителей в Лондон и Париж. Сионисты были проинформированы, но не американский народ, на чьих плечах должна была вестись война.

ГЛАВА 16

Вероломный Альбион" оправдывает свою репутацию

В любом случае, как и простые американцы, Лоуренс и Хусейн бин Али ничего не знали о том, что Рэмси Макдональд назвал "тройной сделкой", происходящей за их спинами. И когда пришло время Вильсону втянуть Америку в европейский конфликт против воли подавляющего большинства народа, его затасканное оправдание заключалось в том, что война была крестовым походом, чтобы "сделать мир безопасным для демократии". Предательство Вильсона продолжается. Доктор Белла Додд писал в 1930 году, что при Вильсоне дела обстояли настолько плохо, что он чувствовал, что "современная история в значительной степени является заговором против истины". (*Заговор против Бога и человека*, стр. 9)

Я узнал, что без поддержки барона Эдмонда Ротшильда русские сионистские поселения, созданные в Ризоне, Зикроне и Рош-Пине, потерпели бы неудачу, и еврейского присутствия в Палестине практически не было бы. Это была ключевая часть стратегии Ротшильдов, направленной на то, чтобы создать видимость того, что евреи уже живут в Палестине - уловка сработала.

Ротшильд также помог основать две новые колонии, Экрон и Медулл. Всего к концу века существовало двадцать одно сельскохозяйственное поселение, но Ротшильд не был уверен в способностях поселенцев и настаивал на сохранении прямого надзора и контроля над поселениями. Хьюберт Херринг в своей книге "*И так до войны*" кратко описывает цену, которую США пришлось заплатить за то, чтобы сионисты получили Палестину:

> Мы заплатили за войну. Мы заплатили жизнями 126 000 погибших, 234 300 искалеченных и раненых. Мы заплатили за это искалеченными жизнями сотен тысяч людей, которых война оторвала от их законного места в мирном мире. Мы заплатили за это невообразимым ущербом, который нанесли нашей национальной морали плети военной истерии. Мы заплатили за это периодом экономического замешательства, из которого мы еще не вышли. Прямые затраты на войну достигли цифры в пятьдесят пять миллиардов долларов. Косвенный счет никогда не может быть подсчитан.

А что было противопоставлено сионистской стороне? Насколько я мог видеть, там не было абсолютно ничего. Интересным моментом является то, что Герцлю не удалось получить благословение Папы Пия X на еврейскую иммиграцию в Палестину:

> Мы не в состоянии помочь этому движению. Мы не можем запретить евреям идти в Иерусалим, но мы никогда не сможем благословить его.

Согласно "*Истории сионизма*", стр. 129-130, обмен мнениями произошел на встрече с Папой Римским в 1903 году, что означает, что лорд Артур Бальфур знал о решительной оппозиции католической церкви сионистской иммиграции в Палестину задолго до подписания декларации, но никому об этом не сообщил. Таким образом, схема двойной сделки была очевидна уже в 1903 году.

Католическая оппозиция Израилю, возможно, способствовала тому, что Ротшильды питали лютую ненависть к России, в которой проживает большое количество христиан.

Герцль, отец сионизма, умер в возрасте 44 лет. Согласно книге "*История сионизма*", он никогда не ладил с Ротшильдами или ортодоксальными евреями, чьи ведущие раввины не ценили его авторитарный стиль. Герцль всегда и во всем хотел иметь последнее слово.

> Как отмечают критики Герцля, в Герцле было очень мало специфически еврейского. Это, пожалуй, наиболее ярко проявляется в его видении еврейского государства...
>
> Герцль представлял себе современное, технологически развитое и просвещенное государство, просвещенное евреями, но не конкретно еврейское государство. (*История сионизма*, стр. 132-133).

Трудно утверждать, что Герцль был заинтересован в Палестине как религиозной "родине" для евреев, особенно в свете того факта, что большинство новых поселенцев прибыли из России и не имели никакой связи с Палестиной, и что там не было истории проживания российских евреев или какой-либо определенной религии.

Лакер говорит об этом очень ясно. Лорд Чемберлен предложил предоставить евреям "родину" в Уганде, хотя эта земля не была предоставлена британским правительством. Чемберлен рассказал Герцлю, что посетил Уганду и подумал: вот земля для доктора Герцля, но, конечно, ему нужна только Палестина или ее окрестности. Он был прав. Герцль отверг эту идею. Его внимание было приковано к Палестине, и ничто другое ему не подходило. 30 мая 1903 года он написал Ротшильду: "Я не унываю. У меня уже есть очень влиятельный человек, который мне поможет. (*История сионизма*, Уолтер Лакер, стр. 122,123)

Таков был истинно автократический стиль Герцля в действии. Хотя мне не удалось обнаружить прямых связей между Ротшильдами и сэром Хэлфордом Макиндером, переписка между посредниками позволяет предположить, что эти два человека консультировались по ряду вопросов, в частности, по составлению плана будущего единого мирового правительства , Нового мирового порядка, реализация которого была поручена Макиндеру. Протеже Лондонской школы экономики, которая была рассадником коммунистических идеалов, Макиндер, тем не менее, зарекомендовал себя как консерватор и, как считается, повлиял на президента Вильсона на Парижской мирной конференции относительно того, какие меры следует предпринять для установления нового мирового порядка через мандат Лиги Наций. Безусловно, Ротшильды сыграли важную роль в воплощении в жизнь мировой социалистической мечты. Через месяц после прибытия Вильсона на Парижскую мирную конференцию была опубликована новая книга Макиндера "*Демократические идеалы и реальность*". Время выхода книги было выбрано не случайно.

В своей книге Макиндер призывает к установлению Нового мирового порядка (НМП) под управлением единого мирового правительства, якобы Лиги Наций. Если эта цель не может быть достигнута мирными и добровольными средствами, то следует применить силу.

Макиндер признал, что хотя Новый мировой порядок в идеале должен быть демократическим институтом, нельзя ожидать, что временами он не будет диктатурой. Сионисты утверждали, что Лига Наций была их концепцией, и Мария О'Грейди ссылается на нее в своей книге, где она заявляет:

> Президент Вильсон был окружен еврейским финансовым братством, его толкал то тут, то там зловещий полковник Хаус и консультировал сионист Брандейс. (Страница 342)

Сионисты в значительной степени продвигали концепцию Лиги Наций и утверждали, что это их творение:

> Общество - это еврейская идея, сказал Нахум Соколов на конференции в Карлсбаде. Мы создали его после 25-летней борьбы.

Окончательное мировое правительство, в котором доминируют социалисты, является давней целью социализма, и хорошо известно, что этой концепции отдавали предпочтение Ротшильды. Как член собственной семьи, Якоб Шифф приложил немало усилий для создания Лиги Наций. Он получил в подарок 3 000 фунтов стерлингов от Н.М. Ротшильда из лондонской ветви семьи. Как мы увидим, в этом мог быть скрытый мотив, поскольку Общество должно было сыграть решающую роль в предоставлении мандата на Палестину британскому правительству, что стало решающим шагом на пути к созданию "родины" для евреев в Палестине. Учитывая это, я возвращаюсь к лорду Бальфуру и его так называемой "Декларации Бальфура", основанной на двойных сделках, обмане и тайных соглашениях за спиной полковника Лоуренса и арабов.

Бальфур быстро объяснил, что "еврейская родина" в Палестине не означает навязывание еврейского государства жителям Палестины, но в свете последующих событий это стало целью сионистов. Как сказал Бальфур:

> ...но развитие существующей еврейской общины в центр, которым еврейский народ в целом мог бы интересоваться и гордиться на религиозной и расовой почве.

Бальфур не сказал, что ничто из того, что делали или говорили британцы, не могло скрыть того факта, что Палестина им не принадлежит и что британское правительство не имеет никакого права на получение мандата на Палестину. Но Бальфур, поддерживаемый лордом Натаном Ротшильдом, продолжал настаивать на своем, как будто эти два человека имели неотъемлемое право действовать по своему усмотрению.

Лорд Бальфур полностью проигнорировал право арабов и других групп населения, включая христиан, которое насчитывает более 7000 лет. Уолтер Лакер, один из ведущих экспертов по сионизму, подтвердил, что большинство евреев, которые должны были заселить Палестину согласно Декларации Бальфура, прибыли из России. У них не было никакой связи с Палестиной. Лакер также отметил, что российские евреи были не очень довольны тем, что их выселили из России и отправили в Палестину:

> Российские евреи были разделены в своем отношении к сионизму и еврейскому национальному дому (религиозной родине) и в любом случае не смогли бы удержать Россию в войне. С другой стороны, союзники, говоря прямо, выиграли бы войну, даже если бы сионистам не было дано никаких обещаний.

Лакер объяснял, хотя и несколько косвенно, "сделку", которую сионисты заключили с Бальфуром, а именно: если сионисты смогут заставить США вступить в войну на стороне союзников, британцы взамен создадут еврейский дом в Палестине.

> На частной встрече вскоре после принятия Декларации Бальфура, когда его спросили, собирался ли он просить еврейской поддержки в войне, Бальфур ответил "конечно, нет" и продолжил объяснять, что он чувствует, что помог исправить ошибку всемирно-исторического масштаба. В 1922 году Бальфур выступил с речью, в которой заявил, что вся европейская культура была виновна в великих преступлениях против евреев, и что Великобритания взяла на себя инициативу, чтобы дать им возможность развивать в мире те великие дары, которые они в прошлом смогли применить в странах диаспоры. (*A History of Zionism*, page 203)

Бальфур не объяснил, почему считается законным отдать Палестину евреям, когда она принадлежала народу, который жил там на протяжении 7000 лет, тем более что большой участок земли на Мадагаскаре, а также земли в Уганде были предложены и отвергнуты без обсуждения. Бальфур также не объяснил, что его великодушный жест в пользу евреев будет сделан за счет арабского и другого нееврейского населения Палестины. Он так и не объяснил, какие связи связывали большинство новых поселенцев из России с Палестиной.

По мнению доктора Якоба де Хааса, альтруистические заявления Бальфура должны быть поставлены под сомнение, поскольку истинным мотивом декларации было вступление США в войну на стороне союзников.

Подтверждение истинных мотивов Декларации Бальфура пришло из другого хорошо обоснованного источника, Congressional Record, 25 апреля 1939 года, страницы 6597-6604, где отражена речь, произнесенная в Сенате США сенатором Наем:

> Была опубликована серия книг под названием "Следующая

война". Один из томов этой серии называется "Пропаганда в следующей войне". Этот конкретный том был написан неким Сиднеем Роджерсоном.

Мне не удалось получить никаких сведений о его биографии; но редактор всех этих книг, включая книгу под названием "Пропаганда в грядущей войне", - человек, чье имя признано во всем мире как авторитет в Британии. Это не кто иной, как капитан Лиддел Харт, сотрудник *лондонской газеты "Таймс"*, писатель и военный авторитет в Европе.

Я понимаю, что этот конкретный том под названием "Пропаганда в следующей войне", опубликованный прошлой осенью и выпущенный в обращение, вместо того, чтобы расширить свой тираж, теперь страдает в руках тех, кто хочет изъять его из обращения. Несколько дней назад я вышел на сцену Сената с самим томом. Мне жаль, что сегодня у меня его нет с собой. Мне сказали, что это единственный экземпляр "Пропаганды в следующей войне", доступный в Соединенных Штатах. Он есть, я могу его одолжить, если он понадобится мне в Сенате, но его уже не так легко достать. Я бы хотел получить всю книгу и чтобы ее прочитал каждый член Сената.

Следующие цитаты взяты из книги "*Пропаганда в следующей войне*":

> Время от времени вопрос о том, на чью сторону встанут Соединенные Штаты, решался, и конечным результатом была заслуга нашей оскверненной машины. Остаются евреи. По оценкам, из 15 миллионов человек в мире не менее 5 миллионов находятся в США; 25% населения Нью-Йорка - евреи. Во время Великой войны мы купили эту огромную еврейскую аудиторию обещанием Национального дома в Палестине, что Людендорф считал мастерским пропагандистским ходом, поскольку это позволило нам обратиться не только к евреям Америки, но и к евреям Германии.

Джордж Армстронг в своей книге "*Денежный трест Ротшильдов*" объясняет, как это произошло:

> Нет сомнений в том, что до второго избрания президента

Вильсона в 1916 году он удерживал нас от участия в войне. Также нет никаких сомнений в том, что он был избран под этим лозунгом. Почему он изменил свое мнение вскоре после выборов? Почему он заключил сделку с британским правительством, чтобы помочь союзникам? До сих пор это остается необъяснимой загадкой.

ГЛАВА 17

Карусель из трех вариантов решает судьбу Палестины

Рэмси Макдональд назвал Декларацию Бальфура "тройным крестом", но Лига Наций совершила первую из многих ошибок, предоставив британский мандат 23 сентября 1923 года, рано доказав, что она не является беспристрастным органом ни по какому определению. Процитировав Декларацию Бальфура в преамбуле Мандатной комиссии, она рассмотрела проблемы иммиграции и то, как она предлагает их решать, через ряд статей, из которых статья 22 была самой обязательной. Нигде не затрагивается вопрос об уступке Британией земель, которые ей не принадлежат:

> Лига Наций заявляет: Везде, где население еще не в состоянии содержать себя самостоятельно, для него должна быть создана система управления, в соответствии с принятым мнением, что благополучие и развитие этих народов представляет собой пугающую уверенность в цивилизации.

Для неопытного человека тонкость того, как были обойдены гарантии Вильсона, может быть не сразу очевидна, но статья 23 сводила на нет гарантии Вильсона о "самоопределении и независимости" и заменяла их мнимым правом Лиги Наций вмешиваться в дела суверенных наций и государств, фактически оскверняя свой собственный устав. Таким образом, для здравомыслящих людей должно стать очевидным, что с момента своего создания Лига Наций намеревалась вмешиваться во внутренние дела суверенных наций и государств. Эта безнравственность и скрытое политическое маневрирование продолжились еще более бесстыдно, когда Лига Наций породила свое внебрачное дитя - Организацию Объединенных Наций, которая в 1948 году присудила Палестину сионистам, тем самым совершив насилие над "неотъемлемым правом народов", воплощенным в статье 22 давно забытой Лиги родителей.

Лоуренс Аравийский и шериф Мекки были потрясены предательством британского обещания Амиру Хусейну, который до последнего сражался с турецкой армией, поверив обещаниям Лоуренса, что Британия всегда держит свое слово.

На мирной конференции арабов представлял Амир Фейсал, сын шерифа Хусейна. Он командовал арабскими войсками под командованием полковника Лоуренса и подписал договор Макмахона-Хусейна, который давал письменную гарантию того, что Великобритания сдержит свои обещания и обещания арабам в отношении Палестины.

Не понимая в полной мере английского и французского языков и не будучи человеком, привыкшим к темным интригам и предательству своего слова, Фейсал не понимает, что происходит, поэтому он обращается к Вильсону, который посылает в Палестину американскую комиссию, комиссию Кинг-Крейна, для расследования.

То, что члены комиссии Кинга-Крейна сообщили Уилсону, было удивительно: Девяносто процентов населения Палестины выступали против любой еврейской иммиграции в Палестину. Цитата из отчета Комиссии:

> Подвергать такой решительный народ неограниченной иммиграции и постоянному финансовому и социальному давлению с целью заставить его отказаться от своих земель было бы вопиющим нарушением только что приведенных принципов и прав народа, хотя это и соответствовало бы формам закона , при самых лучших намерениях, сомнительно, чтобы евреи могли предстать перед христианами и мусульманами как надлежащие хранители

Святых мест или хранители Святой земли в целом.

Сионисты были полны решимости похоронить этот доклад. Вильсон, склонившись перед окружавшими его сионистами, поступился своими принципами, и фальшивая "система мандатов" заменила положение о "самоопределении".

Под наблюдением Лиги Наций британцам выдается фальшивый "мандат" на Палестину. Вера Вильсона в "отсталый" характер неевропейского населения убедила его в том, что оно примет мандатную систему. Отчет комиссии Кинга-Крейна был отложен в сторону, оставив империализм и сионизм торжествовать под прикрытием мандатов. Отчет Комиссии просто исчез.

Она не была опубликована ни в *лондонской "Таймс"*, ни в *"Нью-Йорк Таймс"*, не попала в материалы Палаты представителей и Сената. Повторяю, он просто исчез! Но, к счастью для "неотъемлемого права народов на самоопределение", отчет был опубликован в незначительном издании под названием "Редактор и издатель". Как и почему он "исчез"? Читатели могут сделать свои собственные выводы, которые достаточно очевидны.

> Когда судья Брандейс узнал, что британские чиновники, управляющие мандатом, не благоволят евреям, он немедленно отправился в Палестину в сопровождении своего биографа, доктора де Хааса. По прибытии в Святую землю они обнаружили, что все эти сообщения оказались слишком правдивыми. Доктор де Хаас писал, что британский главнокомандующий, военные и гражданские помощники рассматривали Декларацию Бальфура как забытый эпизод войны. Судья Верховного суда США обратился непосредственно к Бальфуру.

Дополнительное замечание: я настаиваю на том, что американский Верховный судья отправился в Палестину, чтобы сделать замечание британскому чиновнику, министру иностранных дел, не меньше, и потребовал, чтобы палестинской администрации был сделан выговор! Кто дал этому не американскому чиновнику, не представителю правительства США такие полномочия? Этим высокомерным проявлением власти Брандейс запугал всех, кто выступал против сионистской политики в отношении Палестины.

> Несколько часов спустя британский МИД напомнил военным властям Египта и Палестины не только о словесном содержании Декларации Бальфура, но и о том, что этот вопрос является "вопросом суждения", то есть очень актуальным.
>
> Ряд палестинских чиновников попросили о желательном обмене, и полковник Майнертцхаген, убежденный сионист, был направлен в Палестину. Не было ни протестов, ни политической агитации. Дипломатия прямого действия Брандейса достигла результатов. (Доктор Якоб де Хаас, биограф судьи Брандейса)

Как может человек, не имеющий ни официального статуса в правительстве, ни официальной должности, поехать в Палестину и Британию и начать требовать, чтобы сионисты подчинялись? Возможно, мне следует проследить свои шаги и соединить некоторые нити.

Фактом является то, что когда Брандейс пришел к Бальфуру, Бальфур немедленно связался с лордом Натаном Ротшильдом, который, очевидно, дал зеленый свет тем шагам, о которых Бальфур сказал ему, что он хочет предпринять. Поэтому, на мой взгляд, существует определенная связь между продвижением сионистских планов в отношении Палестины и лордом Ротшильдом, что приводит нас прямо к Бальфуру, а затем к Брандейсу.

* Арабское недовольство переросло в насилие в 1929 году;

* Споры между евреями и арабами о правах на Стену Плача в Храме Ирода перерастают в открытый конфликт;

* Арабы-христиане присоединяются к магометанам против евреев.

> Британская комиссия сообщила, что волнения были вызваны растущим страхом арабов перед увеличивающимся еврейским большинством и

систематическим захватом земель оккупантами. Комиссия рекомендовала ограничить иммиграцию и покупку земли. Несмотря на крики сионистов, рекомендации были приняты. Британское правительство опубликовало выводы в так называемой "Белой книге" 20 октября 1930 года... В ноябре 1938 года британское правительство объявило, что отказывается от предложения о разделе и пытается содействовать заключению соглашения между арабами и сионистами. Арабы заняли понятную позицию, что их страна была украдена у них и что переговоры похожи на торг с вором за возвращение части вашей собственности.

Когда арабы и евреи не смогли договориться, британцы объявили, что они должны найти собственное решение. В своей Белой книге от 17 мая 1939 года она отказалась от прежних интерпретаций Декларации Бальфура как противоречащих обязательствам Великобритании перед арабами. Британские государственные деятели, вероятно, осознали несправедливость Декларации Бальфура по отношению к арабам уже после того, как было слишком поздно что-либо предпринять. Так называемая "Белая книга Макдональда" 1939 года была, по-видимому, искренним желанием исправить ошибку 1917 года. Пытаясь рационализировать политику Бальфура, Белая книга настаивала на том, что еврейская родина в Палестине уже существовала. Чтобы не оставить никаких сомнений относительно будущего положения Великобритании, в "Белой книге" говорилось:

"Поэтому правительство Его Величества недвусмысленно заявляет, что в его политику не входит превращение Палестины в еврейское государство. Он считает, что это противоречило бы его обязательствам перед арабским народом по мандату, а также заверениям, данным арабскому народу в прошлом, если бы арабское население Палестины против своей воли стало подданным еврейского государства. Еврейский гнев не знает границ. Новая британская политика в этом вопросе означала поражение их тщательно продуманных планов, и они не собирались прекращать спор вместе с "Белой книгой". Они развернули всемирную кампанию оскорблений в адрес британского правительства, дополненную пропагандистскими материалами, полностью искажающими факты. Придя к выводу, что Британия, как мандатная организация, никогда не позволит им создать еврейское государство в Палестине, евреи начали кампанию насилия, чтобы оказать давление на британцев с целью заставить их отказаться от Белой книги или передать мандат Организации Объединенных Наций. "

Организованная сионистами "Хагана", созданная по образцу регулярной армии, мобилизована и находится в готовности к удару. Две террористические группы, Иргун Цвей Леуми и Банда Штерна, выступают против британских мандатных властей и народа Палестины. Террористы, следуя традициям своих хазарских собратьев в Польше и России, убивают, взрывают и грабят (Оливия Мария О'Грейди)

ГЛАВА 18

Сионисты захватывают Палестину

Не углубляясь, мы имеем историю сионистского вторжения в Палестину, которое привело к трем войнам, бесчисленным актам терроризма и беспорядкам, полному отсутствию мира, которое терзает Палестину и Ближний Восток и будет продолжаться до тех пор, пока не будут признаны права всех сторон и справедливость для всех. К сожалению, ошибка Лиги Наций была закреплена столь же ублюдочным творением - Организацией Объединенных Наций.

8 июля 1919 года президент Вильсон, выполнив приказ полковника Хауса, который получил его от Ротшильдов, вернулся домой.

Если Уилсон ожидал, что его примут как героя-завоевателя, он сильно ошибался. О том, что Вильсон находился под контролем иностранных деятелей, можно судить по тому факту, что он не взял с собой в Париж ни одного члена законодательного собрания, ни даже члена своей собственной демократической партии.

Его советниками были в основном еврейские банкиры с Уолл-стрит и международные социалисты, которые также были евреями. Одним из самых странных аспектов его поездки в Париж было то, что он и его окружение приняли в дар ювелирные изделия на сумму более 1 миллиона долларов от ряда неправительственных благотворителей.

Политическая буря, обрушившаяся на президента, когда он представил свой план создания единого мирового правительства в Сенате США, не была похожа ни на что, с чем он сталкивался ранее. Скорее всего, под влиянием властного "отношения" к Германии, которое определяло дебаты в Париже, Вильсон потребовал, чтобы Сенат ратифицировал договор именно в том виде, в котором он был представлен, без каких-либо существенных изменений и без дебатов.

Это было удивительное событие в политике США, которое никогда ранее не пытались осуществить. Это было "все или ничего", основанное исключительно на секретных закрытых заседаниях, проведенных в Париже (немецкая делегация жила в отеле в течение недели и не принимала участия). Вильсон не остался без поддержки своего диктаторского настроя со стороны американского члена Фабианского общества, профессора Шотвелла, который более или менее сказал Сенату поторопиться и ратифицировать договор.

Шотвелл был старшим членом секретного правительства США высокого уровня - Совета по международным отношениям (CFR). Сенатор Роберт Оуэн, который был назначен докладчиком по специально созданному закону о Федеральной резервной системе 1919 года, теперь был председателем сенатского комитета по договору Лиги Наций.

Среди других сторонников договора Вильсона были Юджин Делано, Томас Джей Ламонт и Джейкоб Шифф. Ламонт долгое время был социалистом-коммунистом, симпатизировавшим Фабианскому обществу, а Шифф позже помогал финансировать русско-японскую войну 1904-5 годов и большевистскую революцию в России. Все они были связаны или аффилированы с Ротшильдами.

В частности, Шифф был банкиром с Уолл-стрит, который начал свою банковскую карьеру при финансовой поддержке Ротшильдов, чьим детищем он был.

19 марта 1920 года Версальский договор был представлен в Сенат для ратификации, но с самого начала возникли сильные возражения. Требования Вильсона принять договор

"как есть" возмутили многих сенаторов, которые предложили ряд поправок и оговорок, которые Вильсон отказался принять по совету полковника Хауса, действующего от имени Ротшильдов. 19 ноября Сенат отклонил Версальский договор с оговорками и без, усмотрев в нем большую опасность для суверенитета Конституции США и попытку узурпировать ее полномочия. Голосование прошло с результатом 49-35.

На этот раз полковник Хаус и Ротшильды оказались на стороне проигравших. Затем Вильсон совершил необычный поступок: он наложил вето на совместную резолюцию Конгресса, объявляющую об окончании войны с Германией! На этом этапе необходимо проследить наши шаги: по мере приближения Первой мировой войны и попыток Вильсона вовлечь в нее Америку, против Вильсона и его администрации раздавались гневные голоса.

Фактически 87% американского народа выступают против войны, но не могут одержать верх над международными социалистами и их международными банкирами. Газета *Chicago* Tribune категорически и язвительно выступает против вступления Америки и заявляет, что "Брандейс управляет Белым домом по секретному телефону". Сайрус Д. заявил Итон:

> Америка опозорилась, вступив в мировую войну, а позже (в 1925 году) капитан Х. Спенсер в своей книге "*Демократия или Шейлоккратия*"[4] процитировал телеграмму, в которой сэр Уильям Уайзмен, британский контролер МИ-6 при президенте Вильсоне, сказал: "Брандейс позвонил Ротшильду". Судья Дембиц Брандейс, несомненно, находился под контролем Ротшильдов. Еще долго после того, как Сенат США отказался ратифицировать Версальский договор, все еще раздавались сильные голоса

---

[4] *Демократия или узурократия*, Шейлок - имя еврейского ростовщика в шекспировском *"Венецианском купце"*.

антиамериканизма.

Например, Поль Хайменс, бывший министр иностранных дел Бельгии, сказал:

> "Америка отказалась ратифицировать договор и считала нелегитимным человека, который отправился в Европу, чтобы действовать от ее имени". (*The New York Evening Post*, 16 июля 1925 г.)

В этом не было ничего нового, если говорить о характере президента Вильсона. Мобилизовав все известные ему политические силы для вступления США в Первую мировую войну под сильным давлением Ротшильдов через полковника Хауса, Вильсон грубо и жестоко нарушил Конституцию США, проведя через Конгресс США закон, предусматривающий отправку государственного ополчения воевать во Францию.

Это, по моему мнению, остается одним из худших нарушений Конституции Соединенных Штатов в американской истории; потому что Вильсон сделал это вопреки Конституции, точно зная, какую серьезную ошибку он совершает, нарушая свою присягу.

Но прежде чем рассказать подробности ужасного преступления Вильсона против американского народа, оставив в стороне преступления против арабов и палестинцев, я хотел бы привести некоторые доселе неизвестные факты о человеке, который был контролером и альтер-эго Вильсона, полковнике Манделе Хаусе, просто потому, что этот загадочный и зловещий человек играл такую большую роль в американской истории со стороны, плюс тот факт, что он был близким другом Ротшильдов.

Эдвард Мандел Хаус был сыном Томаса Уильяма и Элизабет (урожденной Ширн). Хаус иммигрировал в США в 1837 году и поселился в Техасе, где занялся хлопковой промышленностью и стал работать в банковской сфере для и от имени Ротшильдов.

Хаус, старший, всегда выступал в качестве доверенного

лица Ротшильдов. Эдвард получил образование в Корнелле и стал советником губернатора Техаса, не занимая официальной должности, - карьера, которая была повторена в администрации Вильсона.

Штат Техас присвоил молодому Хаусу звание почетного полковника, которого он придерживался на протяжении всей своей выдающейся карьеры. Нет никаких указаний на то, почему штат Техас отдал предпочтение Эдварду Хаусу.

В начале 1900 года Ротшильды отправили Хауса в Европу, чтобы узнать, как банкиры контролируют политику и политиков. По возвращении в Америку Хаус стал ведущим деятелем демократической политики, и именно он выбрал Вудро Вильсона кандидатом в президенты от Демократической партии.

Хаус был в значительной степени ответственен за успех Вильсона в победе на выборах и последующей разработке его политики, особенно внешней. Некоторые настоящие авторитеты в этом вопросе считают, что Хаус был посредником при выполнении заказов Ротшильдов на создание банков Федеральной резервной системы, хотя Конституция США запрещает создание любого центрального банка для контроля валюты страны.

Можно с уверенностью сказать, что Хаус председательствовал в течение двадцати пяти роковых лет, которые навсегда изменили облик Соединенных Штатов и привели к созданию беззаконного федерального правительства, которое за несколько лет разрушило то, на создание чего у отцов-основателей и следующего поколения ушло почти двести лет.

Вильсон стал первым президентом США, принявшим де-факто статус императора того, что должно было стать империей Соединенных Штатов Америки, движущей силой и лидером нового мирового порядка в едином социалистическом международном правительстве.

ГЛАВА 19

Ротшильды создают центральный банк в Америке

Под опекой династии Ротшильдов в Европе произошли глубокие изменения, возможно, самые важные из них:

* Возвышение Наполеона Ier как агента, выбранного Ротшильдами для свержения монархов Европы;

* Падение династии Романовых и разрушение христианской России от рук коммунистов-большевиков;

* Англо-бурская война геноцида, очень важная война на рубеже 19 века, которая частично игнорируется.

Я считаю, что эти глубочайшие изменения не могли и не могли бы произойти без направляющей руки династии Ротшильдов и привлечения для этого ее огромных финансовых ресурсов.

Прежде чем перейти к событиям в добольшевистской России, я расскажу о том, что привело к интервенции Ротшильдов в Южную Африку с целью получения крупнейших в мире месторождений золота и алмазов, что вылилось в англо-бурскую войну 1899-1903 годов.

В 1830-х годах фермеры из Капской провинции (известные как буры) переселились в обширные необитаемые внутренние районы, что стало известно как Великий поход. Они возмущались вмешательством Великобритании в их жизнь, особенно освобождением рабов. Они преодолели огромные трудности, преодолевая тысячи километров на телегах с волами, часто через труднопроходимые горы, и поселились на засушливых землях, которые стали республиками Оранжевое Свободное Государство и Трансвааль.

Когда были сделаны огромные открытия алмазов и золота, засушливые земли сразу же стали желанными для Ротшильдов, которые послали агента в лице Сесила Джона Родса, чтобы тот от их имени заявил о владении и контроле. В 1898 году Родс, агент Ротшильдов в Южной Африке, попросил лорда Ротшильда выкупить французские доли в алмазных шахтах, прокладывая путь к полному контролю Ротшильдов.

Британское правительство "аннексировало" территорию Оранжевого свободного государства, известную как Грикваленд Вест (место обнаружения алмазов), а три года спустя аннексировало Трансвааль, хотя в обоих случаях оно не имело никаких юридических или законных прав на эту территорию, и эту тактику оно вновь применит в Палестине в 1917 г. (см. Декларация Бальфура).

Сесил Родс был главным зачинщиком Бурской войны. Сказочные, богатые жилами золотые месторождения, простирающиеся на 200 миль с востока на запад, были блестящей добычей, которую Ротшильды были полны решимости приобрести. Трения с Британией стали эндемичными, поскольку буры отказывались признавать фиктивные претензии королевы Виктории на Оранжевое свободное государство и республику Трансвааль.

Рейд 600 вооруженных людей под командованием Старра Джеймсона с целью свержения бурского правительства президента Пола Крюгера был явной провокацией.

Это стало прелюдией к англо-бурской войне, которая разразилась в 1899 году, после того как махинации Родса по достижению желаемых целей британского правительства по захвату золотых и алмазных месторождений провалились.

Буры имели голландское, ирландское, шотландское,

английское и немецкое происхождение. Они переселились на самую южную оконечность Африки, известную как "мыс", где голландцы, а затем и британцы, создали станцию снабжения топливом, продовольствием и пресной водой для своих кораблей, торговавших между Дальним Востоком и Европой. В месте, известном впоследствии как Кейптаун, под голландским владычеством была создана процветающая независимая община.

В то время в Африке к югу от реки Замбези, в огромной пустой глубинке между Капской провинцией и рекой Замбези на севере, не было чернокожих (банту). Лишь несколько кочевых "хоттентотов" - небанту, народ монгольского типа - жили вдоль побережья Кейпа, зарабатывая на жизнь неустойчивой работой на пляже и уборкой мусора. Вскоре они стали рабочими на огородах голландской Ост-Индской компании. Но британцы вторглись в Капскую колонию и создали свою собственную администрацию под управлением Британской Ост-Индской корпорации (BEIC), лондонской компании по торговле опиумом.

Из этого неблагоприятного начала родилась процветающая и оживленная община, в которую были интегрированы голландцы. После британского вторжения БИК в Лондоне начал серьезно вмешиваться во внутренние дела голландской общины.

Затем голландцы, которых называли "бурами" (фермерами), начали разрабатывать план ухода из Кейпа и "треккинга" (путешествия) по обширным необитаемым равнинам севера. После этого долгого путешествия буры прибыли и поселились на необитаемых землях, которые они назвали Республикой Оранжевое Свободное Государство и Республикой Трансвааль. Я хотел бы отметить, что тысячи квадратных километров земли, через которую прошли буры, были лишены расы банту, жившей к северу от Замбези. Вопреки распространенной истории, буры не отнимали Трансвааль и Оранжевое свободное государство у банту.

Открытие самого богатого месторождения золота из когда-либо известных привело к тому, что Родс оказался в центре внимания, и с этого момента королева Виктория начала предъявлять свои необоснованные претензии на новые республики. Война была неизбежна после того, как Виктория отвергла мирные предложения верующего Пауля Крюгера.

Королева Виктория твердо решила вступить в войну, и в 1899 году британское правительство отправило первые контингенты войск, которые к 1901 году выросли до ошеломляющих 400 000 человек, чтобы разгромить партизанские силы, которые никогда не насчитывали более 80 000 человек одновременно, многие из которых были четырнадцатилетними и семидесятипятилетними.

Эпическая борьба буров должна послужить примером для всех стран, которым угрожают большие тиранические правительства. Почти три года солдаты-фермеры сражались и победили гордость британской армии.

Буры согласились прекратить боевые действия только после того, как 27 000 их женщин и детей погибли в бесчеловечных концентрационных лагерях, созданных лордом Китченером и Альфредом Милнером, слугой Ротшильдов. Увидев, как их скот был забит, фермы сожжены, а женщины и дети умирали тысячами из-за геноцидной политики лорда Милнера, бурские воины были вынуждены вернуться с полей и сложить оружие.

На протяжении всей борьбы Родс полностью информировал своих хозяев, Ротшильдов, и выполнял их указания в точности. Сегодня Н.М. Ротшильд по-прежнему контролирует торговлю золотом из Лондона. Родс действовал в то время, когда Британская империя была самой мощной политической, экономической и военной силой в мире, но буры не побоялись выступить против империи в войне, которую они знали, что не смогут выиграть, но которую они вели с поразительным мужеством, решимостью и храбростью.

Британская империя, подобно Персидской, Ассирийской, Вавилонской и Римской империям, была построена на двух столпах: лишение собственности своих "доминионов" и использование виртуального рабства жителей для выполнения этой задачи.

Благородные" семьи Англии восходят к черной венецианской и генуэзской знати и великим банковским семьям этих городов-государств. Они были мастерами пропаганды и не теряли хватку, которая была их самым эффективным оружием в Бурской войне, Первой и Второй мировых войнах. За правительством стояли банковские семьи, среди которых банки Ротшильдов были самыми могущественными и влиятельными. Некоторые историки придерживаются мнения, что состояние, полученное ими от Южной Африки, "обогатило Ротшильдов".

Это утверждение, с которым я не согласен. Ротшильды были богаты сверх всякой меры задолго до того, как их агент Сесил Джон Родс, мастер обмана и хитрости, человек, ненавидевший христианство, сделал золотые и алмазные сокровища Южной Африки монополией Ротшильдов. Из документов и бумаг, которые я изучал в Британском музее в Лондоне, ясно, что незадолго до смерти Майера Амшеля его состояние превысило совокупное состояние самых богатых людей в мире.

Полный размер состояния Ротшильдов никогда не был раскрыт, но известно, что оно росло астрономическими темпами.

Амшель знал силу денег и, подобно престарелому Джону Д. Рокфеллеру, который перенял его философию секретности, Майер знал, что секретность имеет первостепенное значение для успеха. Его религиозная убежденность в том, что евреи - избранный Богом народ, никогда не ослабевала, и он демонстрировал свою веру по любому поводу, публичному и частному. Чтобы дать представление о богатстве Ротшильдов, я привожу следующие данные:

Его сын Лайонел был другом и советником принцаконсорта и Дизраэли, чья Сидония в *Конингсби является* его идеализированным (и тонко замаскированным) портретом...

Он протолкнул законопроект об инвалидности, который позволил евреям занимать должности в Англии. Он предоставил британскому правительству деньги для займа на борьбу с голодом в Ирландии (около $40 000 000), а также на Крымскую войну (около $80 000 000) и в течение двадцати четырех лет действовал в качестве агента российского правительства.

Он сыграл важную роль в успешном финансировании государственного долга США, предоставил средства для немедленной покупки акций Суэцкого канала; он также активно содействовал выплате французского возмещения Германии; руководил финансами Австрийской империи и займом Египту в размере 8 500 000 фунтов (около 40 000 000 долларов). (*Еврейская энциклопедия*, т. 10, с. 501-502)

Состояние Якоба (Джеймса) Ротшильда, которое не зависело от состояния Лайонела или любого другого члена семьи, оценивалось историками в 200 миллиардов долларов на момент его смерти, как пишет автор Армстронг:

"Но это была лишь приблизительная оценка, поскольку опись его имущества не была составлена".

Это, конечно, соответствовало одному из заявленных принципов Амшеля - соблюдению секретности. Прежде всего, Ротшильды всегда участвовали в финансировании войн.

Гим Соломон (также известный как Хаим) помогал финансировать Американскую революцию. Компании Seligman Brothers и Speyer and Company финансировали Север, а Messrs Erlanger - Юг во время Гражданской войны. Совсем недавно, в большом развитии железнодорожного финансирования, Kuhn, Loeb and Company сыграла ведущую роль.

Хотя он не говорит об этом столь многословно, любому, кто хоть немного знаком с банками того времени, ясно, что Ротшильды финансировали и Север, и Юг через подставных лиц и банки. Существуют различные оценки богатства Ротшильдов, и один из тех, кто, возможно, знал лучше, граф Череп-Спиридович , подсчитал, что только на Первой мировой войне они заработали 100 миллиардов долларов.

Историк Джон Ривз в книге "*Ротшильды: финансовые контролеры наций*" дает хороший обзор достижений Ротшильдов:

> Майер не мог предвидеть, что в последующие годы его сыновья будут обладать таким неограниченным влиянием, что от их кивка будет зависеть мир наций; что их мощный контроль над европейскими денежными рынками позволит им назначить себя арбитрами мира и войны, поскольку они смогут по своему желанию предоставлять или не предоставлять денежные средства, необходимые для ведения военной кампании.
>
> Но, как бы невероятно это ни казалось, именно это позволило им сделать их огромное влияние в сочетании с их огромным богатством и неограниченным кредитом, поскольку не было компании, достаточно сильной, чтобы противостоять им в течение какого-либо времени, или достаточно безрассудной, чтобы предпринять сделку, от которой отказались Ротшильды.

Краткое пояснение: Ротшильды иногда отклоняли предложение, каким бы обоснованным оно ни было, просто чтобы наказать конкретную страну или компанию за какой-то проступок, воображаемый или реальный. Если бы другие банкиры приняли то, что отвергли Ротшильды, их наказание было бы скорым.

ГЛАВА 20

Конституция США растоптана коррумпированными законодателями, находящимися на содержании у Ротшильдов

Я часто задавал себе вопрос:

> "Как Соединенные Штаты, Конституция которых - высший закон страны, запрещающий центральный банк, пришли к тому, что у них появился такой институт, полностью нарушающий Конституцию?"

Чтобы ответить на этот вопрос, потребовались бы тысячи страниц объяснений, но в следующем кратком обсуждении я попытаюсь дать представление о том, как Федеральные резервные банки были навязаны американскому народу.

Во-первых, Федеральный резервный банк не является "федеральным", поскольку он принадлежит анонимным акционерам, а не правительству США. Другими словами, это частный банк, маскирующийся под федеральное государственное учреждение.

Как таковой, он не подотчетен американскому народу, о чем свидетельствует тот факт, что он никогда не проверялся государственными аудиторами, как того требует закон, если бы это был государственный банк. Великий Луис Т. Макфадден, председатель банковского комитета Палаты представителей, однажды сказал на заседании Палаты представителей:

> "... Федеральная резервная банковская система - это

величайшее мошенничество в истории, обман американского народа. "

В пятницу, 10 июня 1932 года, во время дебатов в Палате представителей по вопросу о Федеральном резервном банке, мужественный Макфадден сказал:

"Господин президент, у нас в стране один из самых коррумпированных институтов, которые когда-либо видел мир. Я имею в виду Федеральное резервное управление и Федеральные резервные банки. Федеральный резервный совет, правительственный совет, выманил у правительства Соединенных Штатов и народа Соединенных Штатов достаточно денег, чтобы выплатить государственный долг. Разврат и несправедливость Федерального резервного совета и Федеральных резервных банков, действующих совместно, стоили этой стране достаточно денег, чтобы выплатить государственный долг много раз.

Это злое учреждение обнищало и разорило народ Соединенных Штатов, разорило себя и практически уничтожило наше правительство. Это произошло из-за недостатков закона, в соответствии с которым он действует, из-за плохого управления этим законом Федеральным резервным советом и из-за коррумпированной практики богатых стервятников, которые его контролируют. Некоторые люди считают, что Федеральные резервные банки являются учреждениями правительства США. Они не являются государственными учреждениями. Они являются частными кредитными монополиями, наживающимися на жителях Соединенных Штатов ради собственной выгоды и выгоды своих иностранных клиентов; иностранными и отечественными спекулянтами и мошенниками; хищными, богатыми кредиторами. В этой мрачной команде финансовых пиратов есть те, кто готов перерезать человеку горло, чтобы достать доллар из его кармана...

12 частных кредитных монополий были обманным и несправедливым образом навязаны этой стране банкирами из Европы, которые отблагодарили наше гостеприимство, подорвав наши американские институты. Эти банкиры вывели деньги из этой страны, чтобы финансировать войну против России. Они создали террор в России на наши

деньги... Они финансировали массовые митинги недовольства и восстания Троцкого в Нью-Йорке. Они оплатили проезд Троцкого из Нью-Йорка в Россию, чтобы он мог помочь разрушить Российскую империю. Они разжигали и подстрекали к русской революции и предоставили Троцкому большой фонд долларов США в одном из своих банков в Швеции. Говорят, что президент Вильсон был обманут вниманием этих банкиров и их филантропической позицией. Говорят, что когда он узнал, как его обманул полковник Хаус, он ополчился на этого зануду, этого "святого монаха" финансовой империи, и показал ему на дверь. Ему хватило элегантности сделать это, и, на мой взгляд, он заслуживает большой благодарности за это.

В 1912 году Национальная валютная ассоциация под председательством покойного сенатора Нельсона Олдрича представила доклад и законопроект под названием "Законопроект о Национальной резервной ассоциации". Этот законопроект обычно называют законопроектом Олдрича.

Он был инструментом, но не пособником европейских банкиров, которые почти 20 лет замышляли создать центральный банк в этой стране и которые к 1912 году потратили и продолжали тратить огромные суммы денег на достижение своей цели.

... Под руководством тех зловещих персонажей с Уолл-стрит, которые стояли за полковником Хаусом, здесь, в нашей свободной стране, был создан изъеденный червями монархический институт "Королевского банка", чтобы контролировать нас сверху донизу и заковать в цепи от колыбели до могилы. Закон о Федеральной резервной системе уничтожил наш древний и самобытный способ ведения бизнеса...

Она навязала этой стране ту самую тиранию, от которой авторы Конституции пытались нас спасти.

Опасность, о которой предупреждали страну, наступила и проявилась в длинной череде ужасов, сопровождающих вероломные и бесчестные дела Федерального резервного совета и Федеральных резервных банков... Билль Олдрича был создан банкирами европейского происхождения в Нью-Йорке. Это была копия и, как правило, перевод Рейхсбанка и других европейских центральных банков". (В частности, Банк Англии)

> (Выдержка из архива Палаты представителей, речь Луиса Т. Макфаддена, члена парламента)

В четверг 15 июня 1933 года Макфадден вновь выступил против навязывания Америке центрального банка, что является явным нарушением Конституции США. Выступая перед Палатой представителей, Макфадден жаловался на иностранных банкиров, забирающих деньги и кредиты американского народа, и сосредоточился на Джейкобе Шиффе, который, по его словам, был агентом Ротшильдов:

> Он также напал на г-на Майера, который является шурином г-на Джорджа Блюменталя, члена фирмы J. P. Morgan and Company, которая, как я понимаю, представляет интересы Ротшильдов... Я хочу дать понять, что, поставив г-на Майера во главе Федеральной резервной системы, вы полностью передаете ее в руки этой международной финансовой группы.

Как Соединенные Штаты попали в кабалу системы Федерального резервного банка? Ответ на самом деле довольно прост:

Это было достигнуто благодаря финансовой власти Ротшильдов и группы предателей в Палате представителей и Сенате США, которые готовы продать свои души в обмен на роскошную и легкую жизнь. Таких людей можно найти в любой стране, и нет способа защититься от их вероломства. Их гнусные деяния продолжают пожинать горький урожай. За смелость раскрыть правду о том, как Август Бельмонт проник в Соединенные Штаты с единственной целью получить контроль над политиками, которые позволили бы Ротшильдам навязать свой контроль над валютой и кредитом США, Макфадден был убит.

На него было совершено три покушения, одно из которых было неудачным, и две попытки отравления, последняя из которых убила этого великого и мужественного американца. Его убийцы так и не были найдены, и справедливость должна восторжествовать.

Таким образом, замолчал великий американский христианский патриот, было совершено невыразимое преступление, и американскому народу было навязано финансовое рабство. До тех пор, пока избранные представители народа в Палате представителей и Сенате США будут выполнять свою клятву - сохранять и защищать Америку от разорения международных банкиров, возглавляющих наступление международного социализма на Конституцию, благословения свободы будут благословениями американского народа.

Но когда наши представители склоняются перед денежной властью международных банкиров и приносят себя в жертву на алтарь денежной власти Ротшильдов, наступает время, когда мы, народ, теряем нашу свободу и права, гарантированные Конституцией.

Закон о Федеральной резервной системе стал ударом кувалды по Конституции, еще одним гвоздем в гроб некогда свободного американского народа. Закон о Федеральной резервной системе стал продолжением пути, который закончится полным уничтожением Конституции. Один из приспешников Ротшильдов, лорд Брайс, заявил, что потребуется пятьдесят лет, чтобы уничтожить республиканскую форму правления, гарантированную американскому народу его Конституцией. Лорд Брайс предсказал, что :

> Безопасность, обеспечиваемая защитой Конституции, исчезнет, как утренний туман.

Это тот самый лорд Брайс, который, используя ложные показания, опубликовал вопиющую ложь о зверствах немцев в Бельгии, что привело к вступлению Соединенных Штатов в Первую мировую войну.

Получив контроль над крупнейшими банками Европы и став

кредиторами первой очереди для всех континентальных и английских правительств, Ротшильды затем взяли под контроль Банк Англии. Чтобы скрыть этот факт, было принято постановление о том, что имена акционеров банка никогда не должны быть обнародованы:

> Эта власть позволила установить золотой стандарт сначала в Британской империи, а затем, как указывалось, и в других странах. Они приобрели контрольный пакет акций Банка Англии, агентом и золотым управляющим которого был покойный лорд Ротшильд.
>
> Банк Англии является одним из их многочисленных фронтов. Несомненно, они владеют контрольным пакетом акций большинства других эмиссионных центральных банков. Строго соблюдая секретность, которая с самого начала была кардинальным принципом руководства Ротшильдов, Банк Англии отказывается раскрывать своих акционеров.
>
> Они [Ротшильды] послали одного из своих агентов, Пола Варбурга, в качестве представителя в Америку незадолго до Первой мировой войны, чтобы изменить наши банковские системы.
>
> Через владение и контроль частных банков J. P. Morgan and Co. и Kuhn, Loeb and Co. они владели и контролировали основные национальные банки и трастовые компании в Нью-Йорке, а через них контролировали федеральную систему в Нью-Йорке... Для контроля над расширением и сокращением кредита по своему желанию необходимо, чтобы существовал верховный орган, обладающий полномочиями увеличивать или уменьшать объем денег в обращении по своему желанию.

До режима Ротшильдов эта власть принадлежала королям и императорам мира, поскольку они были верховной властью. В нашей стране (США) наша национальная Конституция наделила этой властью (исключительно) Конгресс Соединенных Штатов... Под влиянием Ротшильдов банковские системы всего мира были радикально изменены. Высшие полномочия по выпуску денег, а также по предоставлению кредитов были переданы правительствами различных стран банкирам своих стран. Банк Англии стал образцом для других центральных банков мира. На момент создания Федеральной резервной системы наше правительство было единственным сколько-нибудь значимым правительством, которое даже претендовало на осуществление своего суверенного права выпускать и контролировать количество денег в обращении. Создание Федеральной резервной системы повлекло за собой полную передачу банковскому братству суверенных полномочий американского народа по регулированию ценных бумаг через своих представителей в Конгрессе, гарантированных ему Конституцией страны.

Паника 1907 года, как и все другие наши паники, была манипулируемой паникой. Она была вызвана отказом Нью-Йоркского резервного банка выплачивать валюту вкладчикам сельских банков, что вынудило эти банки отказаться от выплат своим вкладчикам в валюте. Таким образом, это было вызвано в основном недостаточным количеством валюты в обращении и неадекватным методом увеличения предложения.

В разгар кампании по реформированию нашей банковской и денежной системы (чтобы предотвратить дальнейшие манипуляции, вызывающие панику) Пол Варбург, немецкий еврей, приехал в Америку из Франкфурта-на-Майне, где жили Ротшильды. Когда он приехал сюда, он в то время был членом Kuhn, Loeb and Company в Нью-Йорке, американского филиала Ротшильдов.

Вот отчет военно-морской разведки о нем в декабре 1918 года:

> "Варбург, Пол, Нью-Йорк, немец; стал натурализованным американцем в 1911 году, был награжден кайзером; служил вице-президентом Федеральной резервной системы США, является богатым и влиятельным банкиром; распоряжался крупными суммами денег, предоставленными Германией для Ленина и Троцкого; у субъекта есть брат, возглавляющий систему шпионажа Германии."

Федеральная резервная система является продуктом Ротшильдов, и ее принятие было достигнуто теми же подпольными и обманными средствами, которые они всегда используют для достижения своих целей. Очевидно, что Пол Варбург приехал в Америку, чтобы реформировать нашу банковскую и денежную систему, и очевидно, что он и Ротшильды предвидели мировую войну [Первая мировая война 1914-1918], хотя она произошла только три года спустя.

Это гнусная история величайшей катастрофы, которая когда-либо постигала американский народ. Тогда мы передали Иеровоаму Ротшильду и его преемникам полное господство над нашим благополучием и счастьем. До этого большое влияние оказывали его банки Morgan and Company, Kuhn, Loeb and Company и их дочерние компании, но теперь его власть верховная и неограниченная. Эта капитуляция довела до совершенства свой контроль над экономикой всех народов мира.

(Эммануэль Джозефсон, *Денежный трест Ротшильда*, стр. 36, 40, 41, 132 134 и 1600)

ГЛАВА 21

Ротшильды препятствуют Конституции США

Что поражает в дерзком перераспределении Ротшильдами кредитной и денежной массы Соединенных Штатов, так это то, что это было сделано вопреки строгим положениям Конституции Соединенных Штатов, запрещающим создание центрального банка.

Слова Иисуса Христа при распятии напоминают нам, что он сказал: "Отче, прости им, ибо не знают, что делают". Эта молитва о прощении была обращена к римским солдатам и от их имени, а не к Синедриону, который требовал Его казни.

Вот что мы говорим о тех членах Конгресса США, которые не знали, что происходит, не понимали, в какую гигантскую аферу их втянули, и, что хуже всего, игнорировали Конституцию, которую они поклялись соблюдать:

"Отче, прости им, ибо не знают, что делают".

Но для предателей, обманщиков, лжецов и изменников, которые знали, что делали, я говорю, что смерть через повешение за измену, как предлагали создатели Конституции, была бы слишком милосердной участью для них.

Некоторые эксперты того времени задавались вопросом, почему закон о Федеральной резервной системе был принят именно тогда, когда он был принят.

На ум приходят две причины. С послушным президентом-социалистом в Белом доме архитекторы Федеральной резервной системы знали, что война неизбежна. Поэтому было крайне важно, чтобы центральный банк начал функционировать до начала военных действий.

Последующая история показала, что Закон о Федеральной резервной системе был принят как раз к моменту начала грядущей войны. Без масштабного финансирования со стороны Соединенных Штатов есть все основания полагать, что Первая мировая война не состоялась бы.

Вторая причина, конечно, самая очевидная: Полный контроль над банками и финансами США.

Принятие незаконного и неконституционного Закона о Федеральной резервной системе позволило Ротшильдам, благодаря предательству Вильсона, втянуть Соединенные Штаты в Первую мировую войну, которая привела к гибели миллионов молодых христианских мужчин, расцвету европейской и американской наций и обошлась Соединенным Штатам в миллиарды долларов.

Предатели так и не были наказаны, и Америка до сих пор страдает от последствий той ужасной войны и последующей, а также от удушающего контроля Ротшильдов над якобы "свободной" Америкой, от которого они продолжают получать непристойные прибыли.

Вся реальная свобода для американского народа закончилась в тот день, когда Ротшильды взяли под контроль деньги, кредиты и экономику Америки, создав Федеральные резервные банки. Когда мы рассматриваем власть Ротшильдов, установивших свою банковскую систему в сердце американской республики, нам вспоминается следующий стих: Чем питается наш кесарь, что он стал таким великим?

Именно историю этого "мяса" я попытался рассказать в этой книге, которая, возможно, прольет свет на загадку того, как Вильсон и Рузвельт смогли навязать свою волю американскому народу, хотя перед ними все еще был шокирующий пример предательства президента Вудро Вильсона.

Ответ на вопрос об источнике этой власти может быть только один: агенты Ротшильдов в Америке, которые активно желали и добивались вступления Америки во Вторую мировую войну. Книга *"Пропаганда в следующей войне"*, написанная капитаном Лидделлом Хартом, проливает много света на то, как во второй раз американский народ был втянут в войну в Европе, когда подавляющее большинство было категорически против этого, но, к сожалению, книга, похоже, недоступна. Автор Армстронг сказал:

> Судя по всему, это полуофициальная книга британского правительства. Уничтожение этих экземпляров книги, вероятно, было приказано военным министром, евреем Хоар-Белиша...
>
> Вопрос о создании еврейской родины не стоял ни во время мировой войны, ни в мирном договоре с Германией.
>
> Арабы были нашими союзниками и сражались бок о бок с солдатами союзников. Это было неоправданное ограбление, хладнокровно осуществленное по приказу "стариков" - Ллойд Джорджа, Вудро Вильсона и Жоржа Клемансо. (*Rothschild Money Trust*, стр. 65, 79).
>
> Хуже всего то, что создание этой "еврейской родины" было хладнокровным предательством арабского правительства и народа. Арабы утверждают, что вступить в войну на стороне союзников их побудило обещание, что так называемая Декларация Бальфура будет отменена и что арабам не будут чинить препятствий в мирном владении и распоряжении своей страной.
>
> Британское правительство не отрицает этого, но оправдывается тем, что Вудро Вильсон настоял на том, чтобы евреи получили этот национальный дом, и , что Ллойд Джордж согласился на это в качестве политического маневра и для того, чтобы получить другие вещи в мирном договоре, которые он хотел. Палестину теперь по праву

называют "дважды обетованной землей". Вполне вероятно, что Германия также обещала его в обмен на соглашение с Россией. (*Rothschild Money Trust*, стр. 70)

Одним из наименее заметных побочных эффектов Первой мировой войны и последующего мирного договора стала демонизация серебра, которое было важной частью мировых денежных систем с древности. Серебро - благородный металл, но Ротшильды не считают, что оно имеет такую же ценность, как золото, хотя оно всегда было хорошей защитой от инфляции.

Ни деньги, ни золотые монеты, ни скрипты/сертификаты не могут быть надуты. Скорее всего, именно с этой целью Ротшильды приложили все усилия, чтобы демонизировать деньги и избавиться от реальных денег с внутренней ценностью в мировых денежных системах. Я не собираюсь излагать историю Банка Англии в этой книге, кроме как время от времени ссылаться на нее.

Банк Англии был и остается образцом для всех "банков дробного резерва", включая незаконный Федеральный резервный банк США. До 1844 года в его первоначальный устав восемь раз вносились изменения, и нет сомнений, что Ротшильды имели большое отношение к более поздним поправкам, особенно к поправке Пиля, которая внесла радикальные изменения, благоприятствовавшие банкам Ротшильдов.

Поправка Пиля была принята в 1844 году, и ее непосредственным следствием стала демонизация денег, которые до этого обращались в качестве валюты во всех странах, да и во всех государствах, с незапамятных времен, как настоящая валюта.

Это было сделано потому, что Ротшильды хотели, чтобы их военные долги оплачивались золотом, что стало очевидным, когда они отказались принять оплату долгов Гражданской войны в серебре и потребовали, чтобы правительство Соединенных Штатов оплачивало долги исключительно золотом. Нет сомнений в том, что Поправка Пиля предусматривала такие вещи и была принята специально для того, чтобы заложить основу для того, что должно было последовать. Поправка также дала британцам монополию на золото, поскольку они держали золото, украденное у буров Южной Африки в 1899-1902 годах.

Кстати, именно Пиль провел через Палату представителей законопроект о борьбе с семитизмом, который впервые за долгую историю Англии позволил еврею баллотироваться на государственную должность. Но в разгар борьбы с сильной оппозицией Пиль упал с лошади во время езды и умер от полученных травм. Он был опытным наездником, что делает несчастный случай еще более странным. В результате главным действующим лицом законопроекта остался Дизраэли. Первая речь Дизраэли в Палате общин 7 декабря 1847 года в качестве лидера партии была заглушена его оппонентами во главе со страшным ирландцем Дэниелом О'Коннелом.

Авторами закона об антисемитизме были сэр Мозес Монтефиоре, связанный узами брака с Ротшильдами, и один из двух шерифов лондонского Сити. Хотя Монтефиоре был евреем, он смог занять этот высокий пост, поскольку Палата лордов не имела юрисдикции или контроля над лондонским Сити.

Монтефиоре пришел в Палату представителей, чтобы получить разрешение послушать дебаты.

Законопроект был внесен не прямо, а под названием, которое ему дали, - законопроект о снятии ограничений для всех конфессий, что Ротшильды всегда делали, называя такой подход "боковым ветром".

Это должно было положить конец давней практике, согласно которой евреи не могли становиться магистратами, учителями или входить в парламент; они не могли голосовать, если отказывались принимать христианскую присягу, и не могли заниматься юридической практикой.

Лайонел де Ротшильд отказался принять христианскую

присягу, и хотя он был избран в Палату лордов, он не смог занять свое место из-за своего упорного несогласия принять христианскую присягу.

Билль о евреях", как называли его консерваторы, не был принят даже после одиннадцати лет противодействия со стороны таких членов парламента, как лорд Дерби, лорд Бентинк и сэр Роберт Инглис, который, отвечая на вопрос, почему евреи должны быть исключены из парламента, сказал:

"Евреи здесь чужие и не имеют права стать гражданами, кроме как подчиняясь нашему нравственному закону, который есть Евангелие".

Тори в Палате лордов решительно выступали против "еврейского законопроекта", как называл его лорд Джордж Бентинк, и он объяснял это каждый раз, когда законопроект поднимался в течение одиннадцати лет. Вы должны признать упорство Ротшильдов: когда они чего-то хотели, они упорно держались за это, пока не получали. Как объяснил лорд Бентинк:

Я отношусь к еврейскому вопросу как к личному делу, как к большому частному поместью или предполагаемому разводу. Дизраэли, конечно, будет горячо поддерживать евреев, во-первых, из-за наследственной предрасположенности в их пользу, а во-вторых, потому что он и Ротшильды - большие союзники. (Из отчета Хансарда).

Позднее Бентинк был найден мертвым, по-видимому, от сердечного приступа в возрасте сорока шести лет. Как и смерть Пиля до него, смерть Бентинка оставила без ответа множество вопросов, самые актуальные из которых так и не были рассмотрены.

20 февраля 1849 года под руководством Дизраэли Закон о ликвидации еврейской инвалидности вновь прошел третье чтение в Палате представителей. В галерее сидела Луиза де Ротшильд, которая наблюдала за дебатами от имени Лайонела Ротшильда. Мера прошла голосованием 272 против 206, но была отклонена лордами.

В следующем году, 29 июля 1850 года, Лайонел де Ротшильд снова попытался занять свое место, но клерк отказал ему, и начался новый виток бурной деятельности, характеризующийся ожесточенными дебатами.

Теперь газета *"Таймс" называет* эту меру "ежегодным развлечением" парламента. После отклонения в 1849, 1851, 1853, 1856 и 1857 годах, в 1858 году Дизраэли попробовал новый подход, изменив формулировку присяги, но лорды снова отклонили ее.

В ответ Дизраэли назначил комитет для рассмотрения оснований для восстановления новой присяги и назначил в него Лайонела де Ротшильда. В конце концов, на фоне бесславных сцен и арьергардного сопротивления лорда Дерби, при незначительном большинстве проголосовавших "за", был достигнут компромисс: каждая палата сформулирует свою собственную присягу. В роскошном доме Лайонела де Ротшильда царило ликование по поводу того, что "одиннадцать лет криков и воплей во всех уголках дома" наконец-то закончились.

26 июля 1858 года Лайонел де Ротшильд принял новую нехристианскую присягу, пожав руку Дизраэли, который собирался это сделать, в знак публичной демонстрации благодарности своему протеже, которого он мудро и дальновидно обратил в христианство в нежном возрасте, возможно, в ожидании неоценимой услуги, которую тот только что оказал.

ГЛАВА 22

Ротшильды ломают палату лордов

Шлюзы были открыты. Его место занял лорд Ротшильд, за ним быстро последовали Дэвид Саломонс, сэр Фрэнсис Голдсмит, Натаниэль де Ротшильд, Фредерик Голдсмид и Джулиан Голдсмид.

Интересно отметить, что ни один из этих людей не представлял собственную партию Дизраэли - консервативно-юнионистскую "Партию тори". Но главный оппонент, граф Дерби, который теперь терял поддержку своей собственной партии, изложил свои возражения в письменном виде:

> Не проявляя нелояльности или недовольства по отношению к подданным Ее Величества, исповедующим иудейскую веру, лорды считают, что отрицание и отвержение того Спасителя, во имя которого каждая палата парламента ежедневно возносит свои коллективные молитвы о божественном благословении своих советов, является моральной непригодностью для участия в законодательстве сообщества, исповедующего христианскую веру. (Отчет Хансарда)

Наиболее заметными результатами Закона о снятии ограничений для евреев стало предоставление Ротшильдам и другим ведущим евреям доступа в Палату лордов и отмена ненавистной христианской присяги. В случае с другим изменением, поправкой Пиля к Банку Англии, простые люди, как обычно, не имели ни малейшего представления о том, как их пытаются одурачить и что они потеряют. Злоумышленники действовали так ловко, что пока жертвы ходили с широко открытыми глазами, но не понимали, что видят, Ротшильды укрепляли свою власть над мировыми денежными системами.

Конечно, обман практикуется и сегодня, когда американские монеты выглядят как серебряные, хотя серебра в них совсем нет. Американская валюта могла бы быть сделана из пластика, но это не подходит, потому что тогда люди могли бы понять, что их обманывают после стольких лет! Даже *Британская энциклопедия* пыталась скрыть обман, связанный с Поправкой Пиля:

> При попытке устранить недостатки, присущие нашей валюте, необходимо было действовать осторожно, уважать, насколько это возможно, существующие интересы и избегать принятия мер, которые могли бы вызвать страх или подозрение у общественности; но меры были так искусно придуманы, чтобы вызывать мало возражений и в то же время вносить очень важные и полезные изменения... были так искусно придуманы, чтобы вызывать мало возражений и в то же время вносить очень важные и полезные изменения. (*Британская энциклопедия*, том III, стр. 323)

Например: О каких "дефектах" идет речь?

Главный "недостаток" заключался в том, что до сих пор вести войны было нелегко, потому что денег на эти войны никогда не хватало, и деньги приходилось изыскивать путем повышения дополнительных налогов. Это означало, что в какой-то момент даже спящие толпы разъярятся и восстанут против высоких налогов.

Другой "недостаток" заключался в том, что бумажные деньги должны были быть обеспечены слитками, и то, что было желательно, было полной практикой старой вавилонской системы дробного резервного банкинга, что на простом английском языке означает, что банки могли выпускать определенное количество бумажных денег, не обеспеченных реальными активами, такими как серебро и золото. Без этих изменений и потока бумажных денег, который последовал за поправкой Пиля и созданием

Федеральных резервных банков в Америке, невозможно было бы финансировать и развивать Первую и Вторую мировые войны. На такие дорогостоящие войны просто не было реальных денег, и народ не захотел бы платить дополнительные налоги для финансирования подобных авантюр.

На самом деле, не было бы ни войны в Персидском заливе, ни вторжения в Ирак в 2002 году, ни бомбардировок Сербии, ни войны с Афганистаном - если бы не было обильного предложения никчемных бумажных денег, так называемых долларов США. Принятые в качестве таковых во всем мире, они на самом деле являются бумажками, выпущенными частной банковской системой, которые нельзя обменять на золото или серебро.

Почему, по словам *Британской энциклопедии*, необходимо было "действовать с осторожностью"? Если это была честная потребность, почему нужно было действовать осторожно? Но в энциклопедии в словах "которые могут возбудить опасения и подозрения общественности" проскальзывает дурная игра в обман.

По его собственному признанию, теперь мы узнаем, что осторожность была необходима, потому что человек занимался элементарным обманом общественности, и что обман должен был быть "ловко разработан, чтобы вызвать незначительное противодействие".

Это признание обмана и откровенного мошенничества в отношении народа. Авторы прекрасно знали, что народ взбунтуется, если узнает об этом, поэтому Поправку Пиля пришлось замаскировать под "крайне полезные изменения".

Кто стал бенефициарами этих "весьма полезных изменений"? От этого выиграла только одна сторона, а именно династия Ротшильдов и их банки по всему миру.

Если бы это было не так, о "крайне выгодных изменениях" кричали бы с крыш Лондона и всех городов мира. Но "крайне выгодные изменения" были направлены на благо банковской империи Ротшильдов, а не на благо народов многих стран, которых они коснулись.

Хотя сэр Роберт Пиль внес поправку в устав банка, ее автором на самом деле был Лайонел Ротшильд через своего "камердинера" Бенджамина Дизраэли, которого он создал и сделал знаменитым на посту премьер-министра Англии, точно так же, как Ротшильды создали и сделали знаменитым Наполеона Ier. Влияние Лайонела Ротшильда на Банк Англии никогда не ослабевало с тех пор, как он запугал банк, заставив его предоставить ему фактический контроль над золотыми резервами, как объяснялось ранее, потребовав обменять его бумаги на золото.

Стоит вспомнить, что 4 августа 1847 года, когда право Дизраэли на место в парламенте было бумажным, поскольку он не мог заявить о праве собственности, опасаясь своих многочисленных кредиторов, а право собственности было необходимым условием, Именно барон Майер де Ротшильд, верховный шериф графства, в котором находился город Эйлсбери, удостоверил Дизраэли как квалифицированного кандидата, а затем объявил его избранным, после того как другого кандидата, некоего Джона Гиббса, убедили отказаться от участия в выборах.

Но зрители восприняли результат не очень хорошо. Восприняв Дизраэли как незваного гостя, его встретили свистом и улюлюканьем. Стоит также отметить, что, хотя Дизраэли находился в очень сложных финансовых обстоятельствах, которые могли и должны были серьезно повлиять на его карьеру в парламенте, именно Лайонел де Ротшильд выкупил его долги и списал их. Этот роман упоминается в книге *"Дизраэли"* Вайнтрауба, стр. 401:

> Через Филиппа Роуза и Лайонела де Ротшильда Монтегю списал все долги. Упомянутый Монтегю, как говорят, "предложил купить долги Дизраэли и взимать процентную ставку ниже ростовщической". Критики предполагают, что настоящим "покупателем" долгов Дизраэли на самом деле был Лайонел Ротшильд.

Другим неоспоримым фактом является то, что в сентябре 1848 года Ротшильды помогли купить Хьюгендон, загородный дом Дизраэли, через подставное лицо, маркиза Титчфилда. Как писал Дизраэли своей жене Мэри Энн: "Все готово, вы - леди Хагендон".

Я упоминаю эти факты, потому что они, кажется, подтверждают утверждение, что Дизраэли был "простым камердинером Ротшильдов".

Изучение методов, использованных Ротшильдами, чтобы остановить обман с Поправкой Пиля, показывает, что они использовали точно такой же метод, чтобы остановить мошенничество американского народа со стороны Федеральных резервных банков. В обоих случаях исполнитель и бенефициар заговора имели одно и то же происхождение: династия Ротшильдов.

Катастрофа 1840 года была инсценирована и управлялась Ротшильдами для того, чтобы подготовить почву для решающей поправки 1844 года, которая должна была стать столь выгодной для них, поскольку она положила конец ограничительному влиянию серебряных денег и серебряных сертификатов.

Ротшильды устроили панику 1907 года, которая проложила путь для американской версии поправки Пиля, обманчивых и откровенно неконституционных Федеральных резервных банков, чей законопроект был проведен через Сенат их многочисленными оперативниками на местах, включая сенатора Уильяма Олдрича. Поправка Пиля и Закон о Федеральной резервной системе - близнецы одного родителя, Ротшильдов, которые использовали своих подставных лиц и приспешников, чтобы скрыть настоящих авторов этих печально известных мер фискального и монетарного обмана.

Как Ротшильды добились двойного успеха, который надел ярмо рабства на шею простых людей? Они сделали это, владея и контролируя лидеров обеих политических партий в британском парламенте и политических лидеров обеих партий в Палате представителей и Сенате США. С тех пор ничего не изменилось.

Статус-кво остается в силе. Эти две меры дают Ротшильдам полный контроль над денежной и фискальной политикой Британской империи и полный денежный и фискальный контроль над Соединенными Штатами, таким образом, умножая не только богатство Ротшильдов, но и их власть диктовать политику британскому и американскому правительствам, делая их "бесспорными властелинами и хозяевами мировых денежных рынков".

Дизраэли не сказал, что Ротшильды достигли полного контроля над внешней и внутренней политикой мировых правительств, но в этом не было особой необходимости, поскольку это стало очевидным на Парижской мирной конференции.

По указанию своих хозяев Ротшильдов президент Вильсон и премьер-министр Джордж организовали два комитета, которые были названы "Финансовый комитет" и "Экономическая секция". Агенты Ротшильда Барух и Томас Ламонт, партнер в J. P. Morgan and Co. были назначены в Финансовый комитет.

Чистый конечный результат обсуждений и решений двух комитетов сделал практически невозможным для Великобритании и Франции выплатить свои военные долги Соединенным Штатам, более чем вероятно, с намерением "аннулировать" их, что и было сделано, в самом вопиющем нарушении американской Конституции.

В Конституции США не было и нет положений о займах и подарках иностранным державам, не говоря уже о списании долгов. Но для Ротшильдов это было просто еще одним препятствием, которое нужно было преодолеть, и США списали миллиарды долларов долга союзников.

Намерение было очень четким: долги перед Ротшильдами будут погашены, и это была нижняя линия , общепринятая западными правительствами. К сожалению, агенты

Ротшильдов в правительстве США следовали этому плану, который ограбил американский народ на миллиарды и миллиарды долларов и обогатил Ротшильдов на аналогичные суммы, и все это при самом вопиющем нарушении высшего закона Соединенных Штатов - Конституции.

Вопиющее пренебрежение Конституцией привело к укреплению международного социализма, который принес нищету и страдания, а революции привели к росту коммунизма.

Кем был этот Дизраэли, человек, оказавший столь глубокое влияние на историю Англии? Как он добился своего положения у власти?

Бенджамин Дизраэли (1804-1881), получивший в конце жизни титул лорда Биконсфилда, был первым человеком еврейского происхождения, ставшим премьер-министром Англии.

Изучение документов Британского музея показывает, что своим взлетом к славе и власти Дизраэли был обязан исключительно Лайонелу Ротшильду. Когда его обнаружил Лайонел, Дизраэли находился в состоянии отчаянной бедности, но ему все же удалось подняться к власти и славе, потому что Лайонел Ротшильд нашел в нем полезного слугу.

Бисмарк, еще одно "творение" Ротшильда, утверждал, что Дизраэли стоял за планом уничтожения Соединенных Штатов посредством гражданской войны.

Гражданская война в Америке была самым бессмысленным братоубийством в мировой истории и стоила жизни почти 800 000 человек. Это была война, которая никогда не должна была произойти, и никогда бы не произошла без "скрытой руки" Ротшильдов и их агента Дизраэли, на чьей душе навсегда должна остаться кровь погибших в Гражданской войне.

> Лайонел Ротшильд стал наставником и проводником Бенджамина. С первых лет жизни молодого Дизраэли

Лайонел взял на себя ответственность и вел своего протеже от одного успеха к другому.

Дизраэли был для Лайонела тем же, чем Вейсхаупт был для Амшеля; Гамбетта для Джеймса Ротшильда III, чем Пуанкаре был для Альфонса Ротшильда IV и Эдуарда Ротшильда V, или как Керенский (Кирбис) был для Е. Ротшильд В... Дизраэли был троянским конем, пронесенным в высшие классы Британии и открывшим путь для проникновения множества евреев в качестве будущих лордов и министров. Теперь они полностью управляют ею. (*Предотвратим Вторую мировую войну*. Граф Череп-Спиридович)

Согласно книге Бакла "*Жизнь и смерть Дизраэли*",

"Ни одна карьера в английской истории не является более удивительной, чем карьера Дизраэли, и ни одна до сих пор не была окружена большей тайной".

Но для Томаса Карлайла, великого английского публициста и историка, Дизраэли был "авантюристом и превосходным ивритским фокусником". Карлайл написал замечательную книгу о Французской революции, а его нашумевшие лекции о героях делают его лучшим судьей *Дизраэли, чем "История цивилизации в Англии"* Бакла. Профессор Уильям Лангер также более реалистично оценивает достоинства Дизраэли, но никто из этих историков ничего не говорит о его наставнике и контролере Лайонеле Ротшильде. Череп-Спиридович наименее милосерден к Дизраэли:

Политика Дизраэли заключалась главным образом в его ненависти к России... Взятый под руку Лайонелом, Дизраэли теперь принимал вид торжествующего презрения, который был бы достоин Мефистофеля. Поскольку он был ослепительно бледен, с горящими глазами и черными волосами, он принял черный бархатный плащ, подбитый белым атласом, белые перчатки, свисающие бахромой из черного шелка, белый посох из слоновой кости с черными кистями.

Все это было дьявольски скомбинировано, чтобы произвести более сильное впечатление на влиятельных старушек. И благодаря им Бенджамин узнал в Лондоне все секреты, необходимые его покровителю Лайонелу, на деньги которого Дизраэли получил доступ в самые высокие сферы.

Сара Брэдфорд в своей книге "*Дизраэли*" на страницах 60 и 186 утверждает, что у Дизраэли были "сильные сионистские чувства, которые он выражал в частном порядке". Брэдфорд упоминает еще несколько важных элементов, касающихся спонсирования Дизраэли Ротшильдами:

> они знали его жену Мэри Энн до свадьбы, рассказывая, как дамы Ротшильдов становились все более близкими с ней. (Страница 187)
>
> Дизраэли часто принимали в доме Энтони де Ротшильда и "считали частью семьи". (Страница 386)

Вайнтрауб, автор книги "*Дизраэли*", рассказывает, как близок был Лайонел к Дизраэли (стр. 243) и как он сам "считал Лайонела своим лучшим другом". "Он видел его чаще, чем кого-либо другого в Лондоне, и никогда не нуждался в приглашении на ужин. После смерти своей жены Мэри Энн Дизраэли практически жил в доме Лайонела (стр. 243 и 611) Энтони де Ротшильд был лучшим и самым добрым хозяином в мире (стр. 651)

Вайнтрауб упоминает, что Альфред де Ротшильд был чрезвычайно щедр к Дизраэли. Несомненно, Дизраэли и Ротшильдов связывала необычайно тесная дружба, выходящая далеко за рамки обычного понимания.

ГЛАВА 23

Суррогат Ротшильда финансировал нападение на Россию

Ранее в этой книге я указывал, что подробно расскажу об участии Ротшильдов в войне между Японией и Россией в 1904-5 годах. В то время японское правительство считало, что получает помощь от Якоба Шиффа, который работал за кулисами, чтобы разжечь напряженность между Россией и Японией, но что на самом деле стояло за кредитом, который Шифф предоставил японцам?

Ротшильды нуждались в Японии в своем стремлении дестабилизировать Россию. Их ненависть к семье Романовых была безгранична. Нападение японского флота на Порт-Артур заложило основу для большевистской революции, которая должна была последовать в свое время. Как однажды заметил Лайонел Ротшильд,

> "Между петербургским двором и моей семьей не было дружбы.

Русско-японская война началась 8 февраля 1904 года. Коммунисты ликовали, видя в нападении шанс нанести удар по правительству. Российские газеты, такие как *"Новое время"*, обвиняли евреев-сионистов в тайной помощи Японии. Они были правы, потому что Джейкоб Шифф сыграл важную роль в предоставлении нескольких кредитов Японии.

Шифф был родственником Ротшильдов по рождению во Франкфурте 10 января 1847 года. Его отец был известен

Ротшильдам. Когда он достиг совершеннолетия, Якоб стал брокером банка Ротшильдов во Франкфурте. В 1865 году Ротшильды отправили его в Нью-Йорк для установления отношений с фирмой Frank and Gans. По указанию Ротшильдов в 1867 году он основал собственную брокерскую фирму "Бадж, Шифф и Ко". Партнерство продлилось около шести лет и было расторгнуто в 1873 году, когда Шифф уехал в Европу.

После поездки по немецким банковским фирмам в 1873 году, он вернулся в США в 1875 году и стал членом банковской фирмы Kuhn, Loeb and Co. известное "прикрытие" для банковских интересов Ротшильдов в Америке. Шифф ненавидел Россию и рассматривал русско-японскую войну как возможность нанести удар по царям и, возможно, положить конец их правлению над Россией.

По его прямому указанию компания Kuhn, Loeb and Co. выпустила три основных японских военных облигации в 1904 и 1905 годах. В благодарность он был награжден вторым орденом Священной сокровищницы Японии. После решительного поражения русского флота в Порт-Артуре была создана почва для серьезных волнений, которые должны были последовать в России:

- 28 июля 1904 года: убийство Вячеслава фон Плехве, компетентного министра внутренних дел.
- 22 августа 1904 года в Киеве, Ровно и Вольнице вспыхнули еврейские волнения, которые продолжались до октября.
- 22 января 1905 г. Кровавое воскресенье под руководством "отца" Джорджи Гапона, агента Ротшильдов.
- 2-30 октября 1905 года Всеобщая забастовка, к которой присоединилась вся страна
- 22 декабря-1er января 1905-06 Восстание рабочих в Москве
- 2 мая 1906 года Отставка графа Витте, признанная историками как начало конца царствования

Романовых

Убийство фон Плеве было предсказано в еврейском стихотворении, распространенном в феврале 1904 года и обращенном к "Хаману". Легко опознав в нем министра внутренних дел, он заявил, что "новый Хаман" скоро умрет. Утром 28 июля 1904 года террорист по фамилии Сазонов бросил бомбу в фон Плеве, стоявшего на площади перед Варшавским депо в Санкт-Петербурге.

Незадолго до начала большевистской революции Шифф передал 20 миллионов долларов Ленину, чтобы тот послужил делу большевиков. Неудивительно, что Папа Лев XIII написал в своем апостольском послании от 19 марта 1902 года *"Достиг двадцать пятого года"*:

> Охватывая своей огромной властью большинство народов, она объединяется с другими сектами, истинное вдохновение и движущие силы которых скрыты. Он сначала привлекает, а затем удерживает своих единомышленников приманкой материальных благ, которые он им обеспечивает. Она склоняет правительства к своей воле, иногда обещаниями, иногда угрозами. Она проникла во все классы общества и образует невидимую и неподотчетную власть, независимое правительство, как если бы оно было частью социального тела правового государства.

А доктор Жерар Энкоз в апрельском номере журнала *"Мистерия"* за 1914 год утверждает:

> Наряду с международной политикой каждого государства существуют некие малоизвестные организации международной политики ... Люди, которые участвуют в этих советах, - это не профессиональные политики или блестяще одетые послы, а некие неизвестные люди, великие финансисты, которые превосходят тщеславных эфемерных политиков, воображающих, что они управляют миром.

Перед тем, как его передали заговорщикам, Уинстон Черчилль прокомментировал события в России:

> Правящие духи страшной секты, самой страшной секты в

мире, и с этими духами вокруг себя, приступил к работе с демонической способностью, чтобы разрушить все институты, от которых зависело российское государство. Россия была уничтожена. Россия должна была быть уничтожена. Теперь он лежит в пыли.

Черчилль имел в виду дьявольскую ярость Ленина и Троцкого, террор и разрушения, которые они обрушили на христианскую Россию. (*Речь в Палате общин*, 5 ноября 1919 года)

Ленин был просто еще одним слугой Ротшильдов, посланным выполнять их поручения. Их ненависть к Романовым не знала границ.

Ротшильдов разозлила попытка царя создать Священную империю, которая признала бы Христа своим правителем. Существует несколько источников, подтверждающих этот антагонизм: книга еврейского автора А. Раппапорта "Проклятие Романовых", рассказ о Романовых и книга о Романовых. *Проклятие Романовых"* Раппапорта, рассказ профессора Уильяма Лангера, "*Потерянные плоды Ватерлоо"* Джона Спенсера Бассета и документы из личных бумаг лорда Милнера.

Священный союз рассматривался как христианская Лига Наций, Австрии, Пруссии и России, с надеждой, что к нему присоединятся Британия и Франция и все народы Европы. Нации должны были присягнуть на верность

> "единого и единственного истинного правителя, которому одному принадлежит вся власть по божественному праву, а именно Богу, нашему Божественному Спасителю, Иисусу Христу".

Идейным вдохновителем этого надеющегося союза был царь Александр Ier, который сделал все, чтобы он стал реальностью. Ротшильды немедленно выразили свое несогласие с альянсом.

Профессор Лангер дает следующее определение, которое, на мой взгляд, является предвзятым:

26 сентября 1815 года был подписан Священный союз - документ, составленный царем Александром Ier, подписанный императором Францем Ier и Фридрихом Вильгельмом III и, наконец, всеми европейскими правителями, кроме принца-регента Великобритании, Папы Римского и султана Турции. Это была безобидная декларация христианских принципов, которыми должны были руководствоваться правители в отношениях со своими подданными и друг с другом.

Эти расплывчатые и неочевидные принципы, вероятно, были задуманы царем как простое предисловие к форме международной организации по образцу рекомендаций аббата де Сен-Пьера столетием ранее.

Важность этого документа заключается не в его терминах, а в том, что впоследствии в общественном сознании его смешали с Четырехсторонним союзом и, в особенности, с реакционной политикой трех восточных держав, которые, как считалось, были связаны пактом против свобод народа, замаскированным под религию.

Прежде всего, она не была "закамуфлирована под религию". Такова была интерпретация Ротшильдов, которые сделали все возможное, чтобы помешать Британии подписать этот документ.

Во Франции Ротшильды сыграли важную роль в получении "разделения церкви и государства", чтобы помочь распустить Священный союз. В книге Раппапорта объясняется:

> Восстановление мира в Европе принесло царю Александру Ier большое удовлетворение. Александр обратил свое внимание на нерелигиозность народов как источник зла. Он задумал возродить религиозный пыл в народе и тем самым восстановить патриархальный режим, чистоту семейной жизни, повиновение закону и власти. Но правители должны подавать пример и служить образцом для своих подданных.
>
> Правители Европы должны выполнять свои задачи как правители империй и королевств в духе основателя христианства, которое должно быть связующим звеном между правителями и их народами и между ними.

(Проклятие Романовых, стр. 336)

Видимо, Священный союз шел вразрез с планами Ротшильдов, если принять во внимание труды графа Череп-Спиридовича, который считает, что с этого момента, в 1815 году, Ротшильды предрешили судьбу России и семьи Романовых. Кардинал Мэннинг заявил:

> Была создана ассоциация с явной целью выкорчевать все религии из народов и свергнуть все правительства в Европе.

Кардинал считал, что первой жертвой была Франция во время Французской революции, а Россия была его второй жертвой. Есть свидетельства того, что Дизраэли не говорил правду о России. Именно Ротшильды разжигали большевистскую революцию и финансировали ее через свои нью-йоркские банковские фронты Якоба Шиффа и Дж. П. Моргана, а в Лондоне - через лорда Альфреда Милнера. Фактом является то, что Шифф дал Троцкому 20 миллионов долларов для облегчения его задачи по свержению христианской России.

История Ротшильдов показывает, что они без колебаний тратили часть своего огромного состояния на достижение политических целей. При этом они добились поразительного успеха.

О том, что Ротшильды обладали и осуществляли поразительную власть над народами и правительствами, свидетельствуют следующие факты:

> Кайзеру пришлось проконсультироваться с Ротшильдами, чтобы узнать, может ли он объявить войну. Еще один Ротшильд принял на себя основную тяжесть конфликта, свергнувшего Наполеона (*"Патриот"*, доктор Стюарт Холден, 11 июня 1925 г.)
>
> Восстание в Грузии (Кавказ) было срежиссировано Ротшильдами (*Humanité*, сентябрь 1924 года, еврейский журнал)
>
> Ротшильды могут начинать или предотвращать войны. Их слово может создать или разрушить империю. (*Чикагская*

вечерняя газета, 3 декабря 1923 года)

Альфонс Ротшильд соглашается выплатить все репарации Франции Германии, если Франция изберет его королем (Дневник офицера артиллерии графа Хемсона)

На последнем решающем заседании британского кабинета министров 3 июля 1914 года г-н Ллойд Джордж пригласил лорда Ротшильда принять участие в дебатах. Премьер-министр вел свою злую игру от имени Ротшильдов, чьим простым инструментом он всегда был и оставался. Если бы Англия честно заявила, что она будет стоять на стороне России и Франции, войны бы не было, потому что кайзер никогда бы ее не допустил, несмотря на десять евреев, которые плотно окружали его: Бетман-Гольвиг-Ротшильд, Ратенау, Баллин и Дембери (*Неизвестная история*, граф Череп-Спиридович)

Ротшильды были основой всех политических и финансовых событий с 1770 года. Их имя должно быть упомянуто на каждой странице истории каждой страны. Авторы, учителя, лекторы и политики, которые не упоминают их, должны считаться дурочками, лицемерами или преступно невежественными. (*Неоткрытая история*, граф Череп-Спиридович)

Большинство архивов, содержащих сведения о Ротшильдах, были намеренно сожжены в Париже во время Коммуны 1871 года, главным финансистом которой был Ротшильд. (*La Libre Parole*, 27 мая 1905 г.)

В феврале 1817 года масоны, Бубликов и другие, все приспешники Ротшильдов, отправились в Россию и остановили скорые поезда, идущие в Петроград, чтобы спровоцировать восстание народа. (*Нерассказанная история*, граф Череп-Спиридович)

15 февраля 1911 года компания Schiff and Co. призвала президента Тафта не возобновлять торговый договор с Россией от 1832 года. Когда он отказался, Шифф отказался пожать ему руку, заявив, что "это означает войну". Убийство Лущинского и премьер-министра Столыпина и последовавшая за этим мировая война. (*Навстречу катастрофам; опасности и средства защиты*, граф Череп-Спиридович)

Ротшильды общались с королями, принцами и монархами, накопили огромные состояния и титулы, лорды и бароны, "сэр" и "леди" и получили бесчисленные почести. Они хотели забыть свое начало и своего основателя, который сделал все это возможным, присвоив "манну", доверенную ему ландграфом Гессен-Кассельским.

- Майер Амшель   1743-1812
- Ансельм Майер   1773 - 1855
- Salomon   1774 - 1855
- Натан   1777 - 1836
- Карл   1788 - 1855
- Джейкоб Джеймс   1792 - 1868

ГЛАВА 24

Некоторые взгляды на Ротшильдов, их роль в войне, революции и финансовых интригах

Эта глава состоит из мнений и взглядов различных авторов и авторитетов, которые невозможно удобно включить в основную часть книги, так как они несколько разрознены.

Тем не менее, на мой взгляд, они важны, поскольку дают основу для трудов историков и ученых, которые почти твердо придерживаются мнения, что Ротшильды были одной из величайших сил, действующих в 18 и 19 веках, и, по всей вероятности, являются таковыми и сегодня.

> Первая мировая война принесла Эдварду Ротшильду более 100 миллиардов долларов. (Граф Череп-Спиридович).

> Эта могущественная революция, которая сейчас готовится в Германии и о которой еще так мало известно, развивается полностью под эгидой евреев, которые монополизировали почти все профессиональные кафедры в Германии" (*Конингсби*, Дизраэли, стр. 250, пишет о событиях 1844-1848 гг.).

> Историки сходятся во мнении, что он имел в виду Ротшильдов. Практически каждая последующая война и революция финансировалась Ротшильдами (Дизраэли в *Конингсби*, стр. 218-219).

> Лига Наций - это еврейская идея. Мы создали его после 25-летней борьбы" (Натан Соколов, сионистские лидеры на Карловарском конгрессе, 27 августа 1932 года).

> Лига Наций полностью управляется евреями: Пол Хайманс, сэр Эрик Драммонд, Пол Манто, майор Абрахам, миссис Н. Спиллер, еврейский "камердинер" Альберт Томас, который вместе с французскими миллионами помог воцарению большевиков в России, является "главой секции труда". Он получает баснословную зарплату". (*Le Péril Juif La Règle d'Israël chez les Anglo Saxons*, B. Grasset, Peres, France)

Опять же, похоже, что это относится к Ротшильдам, и я стараюсь подчеркнуть, что в большинстве случаев "евреи" могут быть заменены на "Ротшильды".

> Современное движение социальной революции можно проследить с середины 18 века . С тех пор идет непрерывный поток подрывной агитации, принимающий разные формы, но по сути своей одинаковый, расширяющийся и углубляющийся, превращаясь в настоящий поток, который затопил Россию и угрожает затопить нашу цивилизацию. (*Восстание против цивилизации*, Лотроп Стоддард)

> Великие революционные движения начались в середине-конце 1800 века, когда в 1770 году Амшель Ротшильд стал управляющим ландграфа Гессен-Кассельского. Амшель нанял всех Милюковых, Керенских, Лениных и прочих из 18 века, чтобы они начали свою подрывную агитацию, так же как Э. Ротшильд нанял тех из 20 века (граф Череп-Спиридович).

> Факты мирового значения известны слишком немногим, а нам нужно больше фактов. Человечество не может найти свет, если у него нет фактов. (Редактор газеты "*Чикаго дейли ньюс*")

> Что представляет собой эта грозная секта, о которой говорили аббат Баррюэль в XVIII веке и Черчилль в XX веке ? Ответ, возможно, кроется в силе христианства и цивилизации, основанной на христианстве. Это была сила за пределами России; это была мировая сила, и она была достаточно сильна, чтобы уничтожить Россию, а также дом Гогенцоллернов. Что это значит? (*Причина мировых волнений*, Неста Вебстер, стр. 35)

Ллойд Джордж заявил, что он не верит, что какой-либо

государственный деятель или лидер стал причиной войны. Возможно, пройдет не одно столетие, прежде чем мир узнает всю правду. (Сенатор Коупленд, запись в Конгрессе)

> Дом Ротшильдов с несколькими единоверцами сговорились владеть миром (*Тайна Ротшильдов*, миссис Мэри Хобарт)

> Кайзеру пришлось проконсультироваться с Ротшильдами о том, может ли он объявить войну. Еще один Ротшильд принял на себя основную тяжесть конфликта, в результате которого был свергнут Наполеон (*The New York Times*, 22 июля 1924 года).

> В имперском архиве в Берлине было найдено письмо Ротшильда Вильгельму II с просьбой о войне ("*Правда о евреях*", Уолтер Херт, стр. 324).

> Для общественности семейные архивы (Ротшильдов), которые могли бы пролить столько света на историю, являются глубокой тайной, запечатанной книгой, которая хранится в секрете (*Ротшильды, финансовые правители мира*, Джон Ривз, стр. 59).

> Бисмарк, Биконсфилд (Дизраэли), Французская республика, Гамбетта и т.д. - все они кажутся непреодолимой силой. Просто мираж. Только еврей со своим банком является их хозяином и правит всей Европой. Еврей предпочтет VETO, и внезапно Бисмарк падет... Для Ротшильдов ничего не могло произойти более благоприятного, чем начало американского восстания и Французской революции, поскольку и то, и другое заложило основу для огромного богатства, которое они приобрели с тех пор" (*Ротшильды - финансовые правители мира*, Джон Ривз, стр. 86).

> Миссис Неста Вебстер не может избежать вывода, что именно международные финансисты поставляют деньги (для революций и войн). Скорее это еврейские финансисты поставляют средства; именно евреи были агентами-провокаторами революций на протяжении двух тысяч лет. Именно евреи составляют тайный внутренний совет пяти главных организованных ужасных движений, с которыми приходится иметь дело организованному правительству. (*The New York Times*, 8 марта 1925 г.)

> За всю историю человечества никто не вызывал таких

противоположных и сильных эмоций, не вызывал такого восхищения, страха и ненависти у людей. (*Наполеон*, Хеберт Фишер)

Один человек, Наполеон, родившийся без каких-либо преимуществ богатства или высокого происхождения, стал хозяином мира в возрасте до 35 лет и закончил свою карьеру беспрецедентной романтической невозможности в возрасте 46 лет. (*Насколько велик был Наполеон?* Сидней Дарк).

В заключение можно сказать, что поразительно, что те же самые элитные мировые лидеры, которые имеют власть начинать войны ради собственной выгоды, могут также сломить и отправить в безвестность некогда важных национальных лидеров, которые противостоят их грандиозным замыслам, особенно их планам по установлению Нового мирового порядка в рамках диктаторской мировой структуры. Если не будет предпринята контратака против этих планов, то к 2025 году мир вполне может погрузиться во тьму жестокой диктатуры.

Уже опубликовано

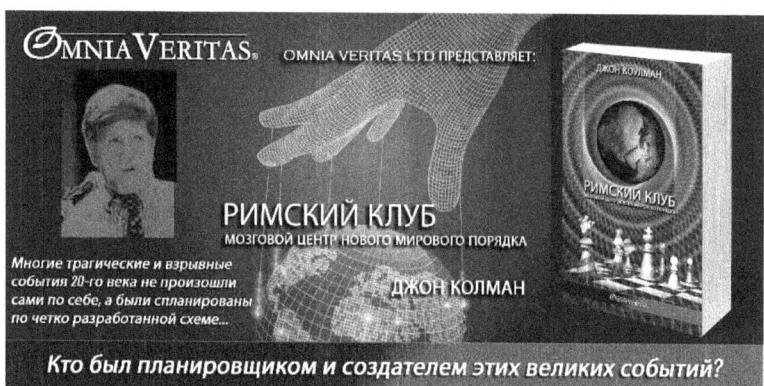

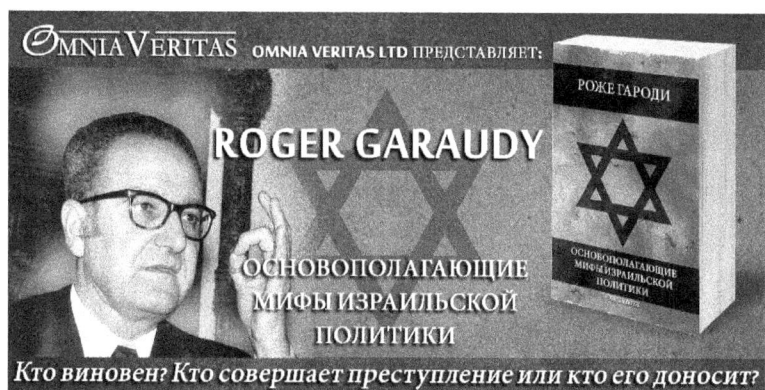

www.ingramcontent.com/pod-product-compliance
Lightning Source LLC
Chambersburg PA
CBHW071418160426
43195CB00013B/1731